马克思主义简明读本

中国特色社会主义

丛书主编：韩喜平
本书著者：孔德生　李忠东

编　委　会：韩喜平　邵彦敏　吴宏政
　　　　　　王为全　罗克全　张中国
　　　　　　王　颖　石　英　里光年

吉林出版集团股份有限公司

图书在版编目（CIP）数据

中国特色社会主义 / 孔德生, 李忠东著. -- 长春 : 吉林出版集团股份有限公司, 2014.3（2021.2重印）

（马克思主义简明读本）

ISBN 978-7-5534-4080-4

Ⅰ.①中… Ⅱ.①孔… ②李… Ⅲ.①中国特色社会主义—研究 Ⅳ.①D616

中国版本图书馆CIP数据核字（2014）第051746号

中国特色社会主义
ZHONGGUO TESE SHEHUI ZHUYI

丛书主编：	韩喜平
本书著者：	孔德生　李忠东
项目策划：	周海英　耿　宏
项目负责：	周海英　耿　宏　宫志伟
责任编辑：	金　昊
出　　版：	吉林出版集团股份有限公司
发　　行：	吉林出版集团社科图书有限公司
电　　话：	0431-81629720
印　　刷：	永清县晔盛亚胶印有限公司
开　　本：	710mm×960mm　1/16
字　　数：	100千字
印　　张：	12
版　　次：	2014年4月第1版
印　　次：	2021年2月第4次印刷
书　　号：	ISBN 978-7-5534-4080-4
定　　价：	36.00元

如发现印装质量问题，影响阅读，请与出版方联系调换。

序　言

　　习近平总书记指出，青年最富有朝气、最富有梦想，青年兴则国家兴，青年强则国家强。青年是民族的未来，"中国梦"是我们的，更是青年一代的，实现中华民族伟大复兴的"中国梦"需要依靠广大青年的不断努力。

　　要提高青年人的理论素养。理论是科学化、系统化、观念化的复杂知识体系，也是认识问题、分析问题、解决问题的思想方法和工作方法。青年正处于世界观、方法论形成的关键时期，特别是在知识爆炸、文化快餐消费盛行的今天，如果能够静下心来学习一点理论知识，对于提高他们分析问题、辨别是非的能力有着很大的帮助。

　　要提高青年人的政治理论素养。青年是祖国的未来，是社会主义的建设者和接班人。党的十八大报告指出，回首近代以来中国波澜壮阔的历史，展望中华民族充满希望的未来，我们得出一个坚定的结论——实现中华民族伟大复兴，必须坚定不移地走中国特色社会主义道路。要建立青年人对中国特色社会主义的道路自信、理论自信、制度自信，就必须要对他们进行马克思主义理论教育，特别是中国特色社会主义理论体系教育。

要提高青年人的创新能力。创新是推动民族进步和社会发展的不竭动力，培养青年人的创新能力是全社会的重要职责。但创新从来都是继承与发展的统一，它需要知识的积淀，需要理论素养的提升。马克思主义理论是人类社会最为重大的理论创新，系统地学习马克思主义理论有助于青年人创新能力的提升。

要培养青年人的远大志向。"一个民族只有拥有那些关注天空的人，这个民族才有希望。如果一个民族只是关心眼下脚下的事情，这个民族是没有未来的。"马克思主义是关注人类自由与解放的理论，是胸怀世界、关注人类的理论，青年人志存高远，奋发有为，应该学会用马克思主义理论武装自己，胸怀世界，关注人类。

正是基于以上几点考虑，我们编写了这套《马克思主义简明读本》系列丛书，以便更全面地展示马克思主义理论基础知识。希望青年朋友们通过学习，能够切实收到成效。

韩喜平

2013年8月

目　　录

第一章　中国特色社会主义的历史轨迹 / 001

第一节　党的第一代中央领导集体为开创
中国特色社会主义奠定了重要基础 / 001

第二节　党的第二代中央领导集体成功开创了
中国特色社会主义 / 008

第三节　党的第三代领导集体把中国特色
社会主义成功推向了21世纪 / 017

第四节　以胡锦涛为总书记的党中央在新的历史起点上
坚持和发展了中国特色社会主义 / 034

第二章　中国特色社会主义的基本内涵 / 041

第一节　中国特色社会主义道路 / 041

第二节　中国特色社会主义理论体系 / 045

第三节　中国特色社会主义制度 / 059

第三章　中国特色社会主义的建设内容 / 061

第一节　经济建设 / 061

第二节　政治建设 / 073

第三节　文化建设 / 082

第四节　社会建设 / 089

第五节　生态文明建设 / 105

第四章　中国特色社会主义的总依据 / 117

　　第一节　社会主义初级阶段理论的内涵 / 117
　　第二节　社会主义初级阶段的基本特征 / 119
　　第三节　深化对初级阶段基本国情的认识 / 120

第五章　中国特色社会主义事业的总布局 / 126

　　第一节　中国特色社会主义事业总布局的逐步形成 / 126
　　第二节　中国特色社会主义事业总布局的辩证关系 / 131

第六章　中国特色社会主义事业的总任务 / 136

　　第一节　致力实现社会主义现代化 / 136
　　第二节　早日实现中华民族伟大复兴 / 148

第七章　中国特色社会主义的鲜明特色 / 169

　　第一节　实践特色 / 169
　　第二节　理论特色 / 171
　　第三节　民族特色 / 173
　　第四节　时代特色 / 176

第八章　高举中国特色社会主义伟大旗帜与实现"中国梦" / 179

　　第一节　"中国梦"的内涵与由来 / 179
　　第二节　实现"中国梦"要走中国特色道路 / 181
　　第三节　坚定"三个自信"为实现"中国梦"不懈奋斗 /185

第一章　中国特色社会主义的历史轨迹

第一节　党的第一代中央领导集体为开创中国特色社会主义奠定了重要基础

十八大报告指出:"以毛泽东同志为核心的党的第一代中央领导集体带领全党全国各族人民完成了新民主主义革命,进行了社会主义改造,确立了社会主义基本制度,成功实现了中国历史上最深刻最伟大的社会变革,为当代中国一切发展进步奠定了根本政治前提和制度基础。在探索过程中,虽然经历了严重曲折,但党在社会主义建设中取得的独创性理论成果和巨大成就,为新的历史时期开创中国特色社会主义提供了宝贵经验、理论准备、物质基础。"

一、浴血奋战,实现民族独立和人民解放

从1840年的鸦片战争起,中国社会开始从传统的封建社会

进入半殖民地半封建社会，国家日益贫弱，社会战乱不止，民族灾难深重，人民饥寒交迫。从1842年到1912年我们同西方签订了700多个条约，其中就有400多个条约属于不平等条约。举两个例子：一是割地，比如说沙皇俄国，强迫腐败无能的清朝政府签订一系列的不平等条约，《瑷珲条约》、《中俄北京条约》、《中俄天津条约》等，先后侵略中国东北、西北，侵略了大片的土地，包括乌苏里江以东到海参崴，总共150多万平方公里，相当于3个法国、12个捷克斯洛伐克。其中包括大片的森林和优良的港口海参崴（现在被俄罗斯称为符拉迪沃斯托克，意为"统治东方"）；二是赔款，根据第一次鸦片战争以来清政府和列强签订的不平等条约，以及一些具体情况，中国需偿付的赔款本息总额高达27.4亿银元，实际支付银元约为20.8亿银元。巨额赔款对中国近代的社会经济造成了十分严重的影响。

  为挽救民族危亡，中国的各个阶级都做出了尝试和努力，一个个党派纷纷登场，各种主义纷纷亮相。然而中国历史的发展无情地宣布，无论是主张改良主义的，还是主张全盘西化的，抑或是主张全盘复古的，都以失败告终。事实证明，没有共产党就没有新中国。

以康有为、梁启超为首的改良派，依靠光绪皇帝进行资产阶级改良，结果历时103天就宣告失败，史称"百日维新"；以洪秀全为代表的农民阶级进行的太平天国运动几乎撼动了清王朝的统治，但却功败垂成；以孙中山为首的民族资产阶级领导的辛亥革命，尽管推翻了清王朝的统治，宣告了中华民国的成立，但是革命的果实很快便落到了以袁世凯为首的北洋军阀手里，中国半殖民地半封建社会的性质没有从根本上改变。

历史充分证明，以洪秀全为代表的农民阶级具有局限性，以康有为、梁启超为代表的改良派具有两面性，以孙中山为代表的民族资产阶级具有软弱性，在强大的帝国主义和封建势力双重压迫下，都不可能领导革命取得成功。资本主义的道路、资产阶级共和国的方案在中国行不通。

正当人们处于彷徨之际，俄国十月革命一声炮响给中国送来了马列主义。经过五四运动，马列主义同中国工人运动相结合。1921年在中国大地上诞生了中国共产党。

中国共产党成立后，立即深入各大工厂、煤矿、码头，组织和领导工人成立工会，开展反对帝国主义和军阀统治的罢工斗争。以1922年1月香港海员罢工为起点，中国工人运动掀起了第一个高潮；至1923年2月，京汉铁路工人罢工遭到军阀血腥镇压，全国工人运动转入低潮。京汉铁路工人大罢工的失败，使中国共产党深刻认识到，要推翻帝国主义和封建军阀在中国的统治，仅仅依靠工人阶级的力量是不够的，还必须联合其他社会阶层，建立所有进步力量的联合战线。于是，1924年以国民党"一大"的召开为标志，第一次国共合作开始，并掀起了大革命的浪潮。在广大工农群众的大力支持下，国民革命军迅速击溃了封建军阀，控制了长江以南的大部分地区。

与此同时，国民党右派的反共逆流也在滋长。1927年4月至7月，蒋介石等国民党党内的反共首领相继发动了反革命政变，正式同共产党决裂，大规模捕杀共产党人和革命群众，持续了三年多的轰轰烈烈的大革命最终失败。

大革命的失败表明，要在一个像中国这样落后的东方大国进行革命，必须有新的思考，开辟新的道路。1927年8月1日，周恩来、贺龙等人领导发动了南昌起义，创建了中国共产党独立领导的人民军队（"八一"建军节由此而来），开辟了一条符合中国实际的革命道路。中国革命正是沿着这条道路走向胜利的。

正当革命力量不断壮大的时候，敌人的疯狂"围剿"，加上王明"左"倾冒险主义的错误，使革命陷于极端困难的境地。在这个关键时刻,中国共产党及其领导的红军被迫实行战略转移,开始了闻名中外的二万五千里长征。1935年1月,在长征途中,遵义会议的召开确立了毛泽东在红军和党中央的领导地位,拨正了革命的航向。

此时,日本帝国主义在侵占中国东北三省后又加紧向华北扩张。面对民族危机的加深和国内形势的重大变化,中共中央提出建立抗日民族统一战线。经过八年抗战,1945年8月15日,日本天皇宣布无条件投降。抗日战争是近代史上中国第一次取得完全胜利的反侵略战争。

抗日战争胜利后,中国人民迫切需要一个和平安定的环境,以休养生息,重建家园。为此,中国共产党提出了和平、民主、团结的方针,主张建立民主联合政府。毛泽东亲赴重庆与蒋介石谈判,国共两党签署了《双十协定》,确定了和平建国的方针。但是,国民党反动派当时在美帝国主义支持下,拒绝人民和平民主的要求,粗暴撕毁协定,公然发动内战。

经过三年解放战争,1949年10月1日,毛泽东在首都北京天安门城楼庄严宣告,中华人民共和国中央人民政府成立。从此一个崭新的社会主义中国在世界上站起来了。

二、艰难探索，社会主义建设在曲折中前进

新中国诞生之初，在国内，国民党在大陆的残余势力仍在负隅顽抗，在西北、西南留下了大批的土匪，并随时准备策应台湾的国民党反攻大陆；国民党反动派还留下了一批特务，伺机破坏国民经济的恢复重建；而此时的国民经济本身正处于崩溃的边缘，人民生活十分困难。国际上，"冷战"兴起，以美国为首的西方国家拒绝承认新中国，并对新中国实行政治孤立、经济封锁和军事包围政策。面对错综复杂的国内国际环境，中国共产党和人民政府依靠广大群众，肃清反动残余力量，战胜帝国主义的封锁、破坏和武装挑衅，巩固了新生的人民政权，医治战争的创伤。

通过社会主义改造，新中国建立了社会主义基本制度、比较完整的工业体系和国民经济体系，并且自主研发了导弹、原子弹和人造卫星，加强了国防军队建设。当时美国、苏联都拥有了核武器，面对大国的核威慑，毛泽东高瞻远瞩，做出了"核武器要搞一点"的指示。经过艰苦攻关，1964年10月，专家们终于在罗布泊实验成功了中国自己的原子弹，震惊了当时的国际社会。所以如果把国家比作一个人的话，中国这个巨人

在新中国初建时期就具备了雄伟的骨架，尽管还很瘦弱，但是个子已经长起来了。

然而，在中国这样一个幅员辽阔、人口众多、经济文化落后、地区发展很不平衡的大国建设社会主义，是一项十分艰巨而又异常复杂的任务。一段时间里，在"左"的思想指导下，中国共产党主要在两个重大问题上出现了失误：一是在经济建设的规模和速度问题上，犯了急于求成的错误。面对第一个"五年计划"取得的成功，在1958年通过的"二五计划"中提出要在第二个五年计划期间完成我国的社会主义建设，为向共产主义过渡创造条件，到1962年建成强大的独立完整的工业化体系，并在若干重要产品和产量方面超过英国，赶上美国。试图通过发动群众运动，实现"大跃进"，跑步进入共产主义，结果，国民经济的发展受到严重的挫折。二是犯了阶级斗争扩大化的错误，导致了频繁的政治运动，并最终酿成"文化大革命"这样长达十年的全局性社会动乱。当时的国内国际形势确实不应该放松政治警惕，但是"以阶级斗争为纲"、"在无产阶级专政下继续革命"就过分了，结果导致了十年的政治浩劫，国民经济到了接近崩溃的边缘。后来，邓小平在总结这段历史时说：那个时期出现的失误表明，对于什么是社会主义和怎样建设社会主义这一根本问题，中国共产党人还没有真正认识清楚，中国的社会主义制度还很不成熟，很不完善。

第二节　党的第二代中央领导集体成功开创了中国特色社会主义

十八大报告指出："以邓小平同志为核心的党的第二代中央领导集体带领全党全国各族人民深刻总结我国社会主义建设正反两方面经验，借鉴世界社会主义历史经验，做出把党和国家工作重心转移到经济建设上来、实行改革开放的历史性决策，深刻揭示社会主义本质，确立社会主义初级阶段基本路线，明确提出走自己的路、建设中国特色社会主义，科学回答了建设中国特色社会主义的一系列基本问题，成功开创了中国特色社会主义。"

一、解放思想，拨乱反正

1978年中国共产党召开了著名的十一届三中全会，及时地把党的工作重心转移到了经济建设上来，让中国走上了改革开放的建设中国特色社会主义道路。

1978年5月10日，中央党校的内部刊物《理论动态》第60期上，刊登了经胡耀邦审定的由南京大学哲学系讲师胡福明撰写的文章《实践是检验真理的唯一标准》。随后各大报纸纷纷转载。这篇文章阐明，实践不仅是检验真理的标准，而且是"唯一标准"；实践不仅是检验真理的"唯一标准"，而且还是检验党的路线是否正确的"唯一标准"。在全国引起了强烈的反响，由此引发了一场大讨论。

　　这场大讨论虽然是关于"两个凡是"和"实践是检验真理的唯一标准"两种执政指导思想的讨论，实质上是继续坚持文化大革命路线还是实施经济建设的改革开放路线的较量，也是以邓小平为领导的党内的务实派和以华国锋为领导的党内毛主席的忠实支持者之间的辩论。因为当时毛泽东主席确立了华国锋作为接班人后，华国锋提出了"两个凡是"的错误主张，也就是"凡是毛主席作出的决策，我们都坚决维护；凡是毛主席的指示，我们都始终不渝地遵循"。按照这样的方针，我们党的思想路线就不能拨乱反正，我们就得继续在老路上前行，也不能把党的工作重心转移到经济建设上来。真理越辩越明，通过大讨论，最终让我们党和全体人民认识到必须从过去"左"的、僵化的思想中解放出来，重新审视"什么是社会主义，怎么建设社会主义"这个根本问题。

1981年6月，中共十一届六中全会通过了《关于建国以来党的若干历史问题的决议》（简称《决议》）。《决议》客观评价了毛泽东的一生，对建国以来的一系列重大历史问题做出结论，对十一届三中全会以来党的路线、方针、政策做了初步概括。这个《决议》的内容表明，中国共产党是一个负责任的政党，能够正视自己的错误，并勇于改正错误。

在探索社会主义发展道路的问题上，中国共产党进行了艰难的探索，也经历了巨大的挫折，付出了沉重的代价。怎么建设社会主义？最现成的经验是照搬苏联模式——高度的计划经济。结果经济越来越没活力，最后发现苏联模式在中国走不通，用后来邓小平的话说就是"什么是社会主义，怎么样建设社会主义，我们还不是很清楚"。直到十一届三中全会以后，以邓小平为核心的第二代中央领导集体才解决了这个问题。

二、改革开放，开创中国特色的社会主义新局面

围绕着"什么是社会主义，怎么建设社会主义"这一根本问题，以邓小平为核心的党的第二代中央领导集体解放思想、

实事求是，把马克思主义基本原理与中国社会主义建设实践相结合，与中国的具体国情相结合，用"摸着石头过河"、"大胆地试、大胆地闯"的精神，逐步找到了一条具有中国特色的社会主义道路。

在十二大开幕词中邓小平指出："我们的现代化建设，必须从中国的实际出发。无论是革命还是建设，都要注意学习和借鉴外国经验。但是，照抄照搬别国经验、别国模式，从来不能得到成功。这方面我们有过不少教训。把马克思主义的普遍真理同我国的具体实际结合起来，走自己的道路，建设有中国特色的社会主义，这就是我们总结长期历史经验得出的基本结论。"邓小平的这段话振聋发聩，至关重要。之所以称邓小平为"改革开放的总设计师"，之所以说中国特色社会主义是以邓小平为核心的第二代领导集体开创的，就是因为邓小平提出了"要把马克思主义的普遍真理同我国的具体实际结合起来，走自己的道路，建设有中国特色的社会主义"。自从1982年在十二大上邓小平提出了"中国特色社会主义"这个概念之后，从十三大到如今，"中国特色社会主义"这八个大字就一直印在中国共产党的大旗上，成为历届党的代表大会不可或缺的主题词之一。

30多年来中国最具代表性的两个词就是改革和开放。改革是社会主义社会发展的重要动力，对外开放是实现社会主义现代化的必要条件。

中国的改革是从农村开始的。回顾这段历史，不能不提的就是安徽凤阳的小岗村。1978年以前的小岗村，只有20户人家100多人，是全县有名的穷困村，"吃粮靠返销，用钱靠救济，生产靠贷款"，每年秋后，家家户户都要外出讨饭。全村没有一间砖瓦房，许多农户的茅草屋破烂不堪，家徒四壁，有的甚至穷得全家只剩一床棉被。1978年秋，凤阳遭遇特大旱灾，粮食欠收，正当大家又准备出门讨饭的时候，11月底的一个夜晚，生产队干部召集全村人开会讨论生产问题。最后，他们做出了一个大胆决定：包产到户！昏黄的灯光下，18位农民神情严峻地立下"生死状"，在一张秘密契约上一一按上了鲜红的手印。会议一结束，他们连夜将牲畜、农具和耕地按人头包到了户，拉开了中国农村波澜壮阔的改革序幕。

小岗村实行"大包干"，一年就大变样：1979年秋收，小岗村的粮食总产量由1978年的1.8万公斤猛增到6.6万公斤，人均收入由上年的22元跃升为400元，震惊四邻。这一变化不仅结束了小岗村20多年吃"救济粮"的历史，而且使得小岗村向国家上缴粮食3200多公斤。小岗村的成功使周边群众纷纷仿效,"大包干"如星星之火,迅速燃遍了中国农村大地。党和国家领导人曾先后视察小岗村,并对小岗村做出了高度的评价和肯定。从此,中国农村开始了由"人民公社"到"家庭联产承包责任制"的历史性变革。

经济体制改革首先从计划经济体制最为薄弱的农村开始,实行家庭联产承包责任制,继而开展了以搞活国有企业、扩大国有企业自主权为重点的城市经济体制改革。1982年党的十二大提出了"以计划经济为主、市场调节为辅",这是在拨乱反正后,市场在国民经济中的地位第一次得到了肯定。紧接着,1984年党的十二届三中全会提出了"公有制基础上的有计划的商品经济";1987年党的十三大提出了"计划与市场内在统一的体制",计划和市场的作用范围都是覆盖全社会的,应当建立"国家调节市场,市场引导企业"的机制;1989年党的十三届五中全会提出了"改革的核心问题,在于逐步建立计划经济同市场调节相结合的经济运行机制",进一步明确了经济体制改革的市场取向。与此同时,国有企业实行了所有权与经营权分离,商品价格出现"双轨制"。国家逐步缩小指令性计划,扩大了指导性计划和市场调节的范围和比重;打破了"统收统支"的财政管理体制，实行中央和地方"分灶吃饭"。计划、投资、物资、粮棉流通、对外开放等领域的市场取向改革都在不断推进。针对社会上对市场经济"姓资"还是"姓社"的争论，1992年邓小平在南方谈话中指出："计划多一点还是市场多一点，不是社会主义与资本主义的本质区别。计划经济不等于社会主义，资本主义也有计划；市场经济不等于资本主义，社会主义也有市场。计划和市场都是经济手段。"这一重要论述，解除了人们对市场经济的种种疑虑，打开了人们长期被计划经济禁锢的思想闸门，为实行社会主义市场经济的改革奠定了理论基石。

从1992年党的十四大到21世纪初，中国建立了社会主义市场经济的基本框架。江泽民在党的十四大报告中明确提出，"我国经济体制改革的目标是建立社会主义市场经济体制"，并论述了这一体制的基本内涵和改革的主要任务。这标志着我国经济体制改革进入了新阶段。为了更好地推进社会主义市场经济体制改革，1993年党的十四届三中全会作出了《中共中央关于建立社会主义市场经济体制若干问题的决定》，清晰描绘出了我国社会主义市场经济体制的基本框架。党的十五大进一步明确了社会主义初级阶段的基本经济制度和改革的决策部署。这一时期，改革在一些领域取得重大突破：一是建立现代企业制度。国有企业改革从"产权清晰、权责明确、政企分开、科学管理"四个方面整体推进。公有制经济进一步壮大，个体、私营等非公有制经济较快发展。二是加快市场体系建设。全面放开竞争性商品和服务价格，逐步取消生产资料价格"双轨制"，实行资本、劳动力、房地产、技术和信息等生产要素的市场化改革，商品和服务贸易、资本流动规模显著扩大，明显发挥了市场在经济发展中的调节作用。三是改革宏观调控体制。建立计划、金融、财政相互协调配合的调控机制，逐步变直接调控为间接调控。四是基本形成开放性经济格局。不断扩大开放，我国成为当时吸收外商投资最多的发展中国家。改革外贸管理体制，扩大企业进出口经营权。实行汇率制度改革，国家外汇储备大幅度增加。在加入世界贸易组织与国际规则接轨的过程中，制定、修订、废止了大量不符合市场经济要求的法律、行政法规和部门规章，清理行政审批项目。这些年的改革，有效地促进了社会主义市场经济体制基本框架的形成。

邓小平曾这样评价改革：改革是社会主义的自我完善和发展，就其深度和广度来说，改革是中国的第二次革命。因为革命是为了解放和发展社会生产力。而改革的实质就是要改革束缚我国生产力和社会发展的具体制度、管理方式和思想观念，扫除生产力发展的障碍，是一种革命性的变革。

改革使中国打开国门，逐步扩大了对外开放的领域。先是设立经济特区，从1980年开始，中国先后设立了深圳、珠海、汕头、厦门四个经济特区。随后是沿海开放，1984年国家进一步开放了14个沿海港口城市。这14个港口城市是：大连、秦皇岛、天津、烟台、青岛、连云港、南通、上海、宁波、温州、福州、广州、湛江、北海。再接下来的就是沿江开放和内陆开放。现如今，我国已经从过去的"请进来"发展为"走出去"，从吸引外资发展到对外投资。如今中国的企业已经遍布全世界，中国离不开世界，世界也离不开中国。

经过30多年的改革开放，经过了一代代中国共产党人的不懈探索，中国特色社会主义事业实现了两个伟大历史转折。一是实现了从高度集中的计划经济体制到充满活力的社会主义市场经济体制的伟大转折，形成和发展了符合当代中国国情、充满生机活力的新的体制机制。二是实现了由封闭走向开放的伟大转折，利用国际国内两个市场、两种资源，大大增强了我国的国际竞争力。改革开放以来，国内生产总值由3645亿元增长到51.9万亿元，年均实际增长10%以上，是同期世界经济年均增长率的3倍多。

截至2012年底，中国已经成为了世界上的第一大外汇储备国，国家外汇储备余额为3.31万亿美元；截至2012年底，我国GDP总量达到51.9万亿元，成为世界第二大经济体。我国同时还是世界上第一大资本输入国、第二大贸易国，综合国力不断迈上新台阶。这30多年，可以称得上是人类历史上的"奇迹"，它不仅使13亿中国人过上了"小康"生活，也为世界上其他发展中国家提供了可借鉴的发展模式——"中国模式"。

第三节　党的第三代领导集体把中国特色社会主义成功推向了21世纪

十八大报告指出："以江泽民同志为核心的党的第三代中央领导集体带领全党全国各族人民坚持党的基本理论、基本路线，在国内外形势十分复杂、世界社会主义出现严重曲折的严峻考验面前捍卫了中国特色社会主义，依据新的实践确立了党的基本纲领、基本经验，确立了社会主义市场经济体制的改革目标和基本框架，确立了社会主义初级阶段的基本经济制度和分配制度，开创全面改革开放新局面，推进党的建设新的伟大工程，成功把中国特色社会主义推向21世纪。"

从党的十三届四中全会到党的十六大的这13年，是国际国内环境剧烈变化的13年。新科技革命高速发展，世界进入到信息化时代；冷战结束，国际共产主义运动陷入低潮；世界政治多极化、经济全球化不断加强。从国内来看，改革开放30多年来，社会经济成分、组织形式、利益格局等都发生了巨大的变化。以江泽民为核心的党的第三代中央领导集体，坚持党的实事求是的思想路线，与时俱进、开拓创新，成功战胜了这些前所未有的巨大挑战，把中国特色社会主义事业推进到一个新的历史阶段，开辟了马克思主义理论发展的新境界。

一、在复杂的国内外形势中坚持社会主义方向不动摇

20世纪80年代末90年代初，世界社会主义事业出现严重曲折。传统的社会主义模式逐步丧失活力，许多社会主义国家在探索新的发展道路时陷入迷途，西方国家借机加紧了西化、分化的攻势。在这种情况下，许多国家的共产党改旗易帜，东欧的8个社会主义国家发生了剧烈变动。特别是苏联的解体，使

执政了70多年的苏共失去了政权。在国际大气候的作用下,我国国内资产阶级自由化的思潮也比较活跃。西方国家以此为借口纷纷宣布制裁中国,我国面临着空前的国际压力。当时,国际上各种政治势力掀起的反华声浪甚嚣尘上,西方社会期待中国成为下一张倒下的多米诺骨牌。在国内,八九政治风波虽已平息,但它造成的思想混乱依旧存在,关于中国改革方向的争论日趋激烈。党内党外出现了要不要坚持社会主义、坚持什么样的社会主义、中国特色社会主义道路如何继续走下去等诸多疑虑。

在关系党和国家前途命运的重大历史关头,江泽民发表了大量重要论述,全面阐述党的基本路线,正本清源、解疑释惑,对于全党全国人民统一思想、凝聚意志,坚持和探索一条社会主义改革的成功之路,发挥了重要作用。

1989年6月,在党的十三届四中全会上,江泽民当选为中共中央总书记。他在会上明确指出,对于邓小平领导全党制定的党的基本路线,要"坚定不移,毫不动摇","全面执行,一以贯之"。此后,他有针对性地澄清了当时造成思想混乱的一系列问题。

针对那些动摇中国社会主义前途命运的思潮,江泽民指出,"中国的社会主义既不是苏联模式,也不是东欧模式,而是有中国特色的社会主义。走这条道路,是中国人民经过一百多年的奋斗与探索之后作出的历史性的抉择","我们的国家繁荣昌盛了,就会为世界社会主义事业增添光彩"。

针对某些怀疑改革开放基本政策的观点,江泽民强调改革开放是强国之路,并特别指出:"要划清两种改革开放观,即坚持四项基本原则的改革开放,同资产阶级自由化主张的实质上是资本主义化的'改革开放'的根本界限。"

针对有的同志提出"一方面抓经济建设、一方面反和平演变"的主张,他明确表示:中心只能有一个,就是以经济建设为中心,不能搞"多中心论",必须坚持"一个中心、两个基本点"的基本路线。

面对西方国家的"制裁"和反华声浪,江泽民坚定地表示:在当代中国,爱国主义与社会主义是统一的。中国人历来讲民族气节,中国人民从来没有、今后也决不会屈从于任何外来压力,决不会放弃社会主义道路和民族独立来换取别人的施舍。强调对全体人民特别是青少年进行中国国情和爱国主义教育,要求广大青年正确认识什么是真正的自由、民主和人权,自觉把个人前途与祖国的前途紧密地联系在一起。

这一时期，党的第三代领导集体还就党的性质、人民代表大会制度、多党合作和政治协商制度、统一战线、军队建设、新闻工作和宣传工作等问题发表了许多重要讲话，进一步明确了党和国家必须坚守的核心阵地，捍卫了社会主义中国的国体、政体和基本制度，捍卫了中国共产党的性质、宗旨和指导思想。对于保证中国在国际风云变幻中立定足根、稳住阵脚，发挥了重要作用。

二、重视人的全面发展，为科学发展观的提出打下基础

马克思主义创始人认为，人类社会发展的最终目的是使人得到自由而全面的发展。因此，谋求人的自由而全面的发展，既是社会主义社会未来发展的一种理想目标，同时也是社会主义社会应确立的价值目标。

党的第三代中央领导集体坚持马克思主义基本原理，联系我国实际，系统而深刻地阐述了关于"促进人的全面发展"的思想：

一是认为社会主义制度是以人为本的制度。实现人的自由而全面的发展，是社会主义的本质所在。只有更大程度地实现

人的自由而全面的发展,才能真正超越资本主义。中国共产党只有代表最广大人民群众的根本利益,重视和促进人的全面发展,中国的事业才会兴旺发达、社会主义的优越性才能得以充分体现。

二是分析了实现人的全面发展的可能性。经过20多年的改革开放,我国的综合国力大大增强,人民的物质文化生活水平显著提高,正迈向全面建设小康社会、加快推进社会主义现代化进程的新阶段。生产力的巨大发展和社会的迅速进步,为人自由而全面的发展提供了充分的条件,同时也对人的素质能力提出更高的要求。只有在经济社会不断发展的基础上不断促进人自由而全面的发展,才能充分调动人民群众建设社会主义现代化的积极性和创造性。

三是提出了致力于人的全面发展的主要途径。那就是在经济上实现国民经济持续快速健康发展,不断提高人民的物质生活水平;在政治上实现民主,充分发挥人民群众的主观能动性和创造精神,实现人民的利益和愿望;在文化上努力提高全民族的思想道德素质和科学文化素质,实现人们思想和精神生活的全面发展;在人与自然的关系上努力实现人与自然的和谐共生,使人们在优美的生态环境中工作和生活;在人的发展与经济社会发展的关系上，把推进人的全面发展同社会经济、政治、文化的全面发展协调统一起来，通过社会的发展促进人的全面发展，通过促进人的全面发展促进社会的发展。这就把人的全面发展提到社会主义现代化建设的日程上来，并为党提出坚持以人为本的科学发展观奠定了基础，并进一步丰富和发展了科学社会主义理论。

三、明确了中国经济体制改变的目标是建立社会主义市场经济体制

改革开放以来，邓小平曾指出：社会主义可以搞市场经济，这为我国实行社会主义市场经济体制奠定了理论基础。1992年6月，江泽民在中央党校省部级干部进修班发表的讲话中，依据邓小平关于社会主义可以搞市场经济的思想，第一次提出了"建立社会主义市场经济体制"的想法。同年10月，党的十四大正式确定我国经济体制改革的目标是建立社会主义市场经济体制。彻底解决了社会主义实践中长期未能解决好的计划和市场的关系问题，实现了社会主义发展史上经济理论上的重大突破。

党的十三届四中全会以来，关于建设社会主义市场经济体

制的一系列探索，概括起来有以下几点：

一是阐明了建立社会主义市场经济体制的历史必然性。计划与市场，作为调节经济的手段，是建立在社会化大生产基础上的商品经济发展所客观需要的，建立社会主义市场经济体制，是社会经济发展到一定阶段的必然选择。因为市场经济是商品经济充分发展的产物，而商品经济的发展，要求市场在社会资源配套方面发挥作用。党的第三代中央领导集体站在对经济规律深刻认识的层面上，科学地阐明了实行市场经济体制是现代商品经济发展的必然趋势。

二是明确了社会主义市场经济的基本概念。党的十四大报告明确指出："社会主义市场经济体制是同社会主义基本制度结合在一起的。"这个论断说明了社会主义市场经济的实质。

三是构筑了社会主义市场经济的基本框架。1993年，党的十四届三中全会讨论并通过了《中共中央关于建立社会主义市场经济体制若干问题的决定》，确定了构成社会主义市场经济体制的基本框架：建立现代企业制度；建立全国统一的市场体系；建立完善的宏观调控体系；建立以按劳分配为主体，多种分配方式并存的收入分配制度；建立多层次的社会保障制度。这个基本框架，为社会主义市场经济新体制的顺利运行和发展提供了可靠保证。

四是明确了社会主义市场经济的基本特征。包括以公有制为主体多种经济共同发展的基本经济制度；以按劳分配为主体与按生产要素分配相结合的分配制度；市场在国家宏观调控下对资源配套起基础性作用；对外开放与参与国际经济合作和竞争等等。

用市场经济推进中国现代化，这是中国共产党在新的历史阶段关于中国现代化的理论和实践探索的一个丰硕成果。

四、提出政治文明，用依法治国方略推进中国政治民主化

政治现代化，究其本质是通过改革建立高度民主与健全法律的社会主义政治制度。以江泽民为核心的第三代中央领导集体立足于社会主义现代化建设的实际，积极探索中国政治现代化的有效模式。

首先，指明了我国社会主义民主政治建设的方向。建设中国特色社会主义政治，就是在中国共产党的领导下，在人民当家做主的基础上，依法治国，发展社会主义民主政治。要在坚持人民民主专政和其他基本政治制度的前提下，继续推进政治

体制改革,完善社会主义民主制度,健全社会主义法制,建设社会主义法治国家。要"通过发展党内民主,积极推动人民民主的发展"。这是建设我国社会主义民主政治的一条切实可行的途径。

其次,明确了我国政治体制改革的主要任务。江泽民在十六大报告中指出:政治体制改革是社会主义政治制度的自我完善和发展。推进政治体制改革要有利于增强党和国家的活力,发挥社会主义制度的特点和优势,充分调动人民群众的积极性、创造性,维护国家统一、民族团结和社会稳定,促进经济发展和社会全面进步。要坚持从我国国情出发,总结自己的实践经验,同时借鉴人类政治文明的有益成果,绝不照搬西方政治制度的模式。要着重加强制度建设,实现社会主义民主政治的制度化、规范化和程序化。

再次,提出"依法治国"与"以德治国"相结合的治国方略。1997年江泽民在党的十五大报告中首次提出"依法治国"的理论。2001年1月,江泽民又提出"以德治国"的思想。对于这两种治国方略的关系,江泽民也作了明确的阐述。他指出:"对一个国家的治理来说,法治和德治,从来都是相辅相成、相互促进的。二者缺一不可,也不可偏废。法治属于政治建设、属于政治文明，德治属于思想建设、属于精神文明。二者范畴不同，但其地位和功能都是非常重要的。我们要把法制建设与道德建设紧密结合起来，把'依法治国'与'以德治国'紧密结合起来。"这是我国治国方略的又一次巨大进步，是我国民主法制建设史上一座崭新的里程碑，是中国共产党领导方式和执政方式的重大发展。

最后，创造性地提出建设社会主义政治文明的重要思想。江泽民在党的十六大报告中，鲜明地提出，要加强"社会主义政治文明"建设，把社会主义物质文明、政治文明和精神文明的协调发展作为新世纪的奋斗目标，这就把社会主义经济、政治、文化的发展有机地结合起来了。使中国特色社会主义总布局从"两手抓"的阶段丰富到了"三个文明"协调发展的阶段。

五、高度重视社会主义文化在现代化建设中的作用

党的十三届四中全会以来，江泽民吸取改革开放前十年忽视社会主义精神文明建设带来种种问题的严重教训，高度重视中国特色的文化建设和精神文明建设。在党的十五大报告中，

江泽民深刻阐明了中国特色社会主义文化建设的纲领，指出建设有中国特色社会主义的文化，就是以马克思主义为指导，以培育有理想、有道德、有文化、有纪律的公民为目标，发展面向现代化、面向世界、面向未来的民族的科学的大众的社会主义文化。江泽民还指出，有中国特色的社会主义文化，是凝聚和激励全国各族人民的重要力量，是综合国力的重要标志。这就为全党重视文化建设提供了全新的角度。中国现代化建设的进程，在很大程度上取决于国民素质的提高和人才资源的开发，全党必须从社会主义事业兴旺发达和民族振兴的高度，充分认识社会主义文化建设的重要性和紧迫性。

六、进一步丰富实现现代化的战略步骤和战略方针

党的第三代领导集体进一步丰富了实现现代化的战略步骤和方针：

第一，制定新"三步走"战略步骤。1997年，党的十五大明确提出在21世纪中叶基本实现现代化的宏伟目标："展望下个世纪，我们的目标是，第一个十年实现国民生产总值比2000年翻一番，使人民的小康生活更加宽裕，形成比较完善的社会

主义市场经济体制,再经过十年的努力,到建党一百年时,使国民经济更加发展,各项制度更加完善;到世纪中叶建国一百年时,基本实现现代化,建成富强民主文明的社会主义国家。"2002年,在党的第十六次代表大会的报告中,江泽民提出了全面建设小康社会的具体目标,并在新三步走战略的基础上,把未来的50年划分为两个发展阶段:第一个阶段是前20年,为全面建设小康社会的阶段,经济社会发展的目标是建成惠及十几亿人口的更高水平的小康社会;第二阶段是后30年,经济社会发展的目标是,人均国内生产总值达到中等发达国家的水平,基本实现现代化。党的十六大确立的全面建设小康社会的目标,是对邓小平"三步走"的第三步目标的具体展开,丰富了第三步目标的内容。

第二,正确处理经济发展同人口、资源、环境的关系,用可持续发展战略推进中国社会主义现代化。20世纪90年代以来,可持续发展成为世界许多国家指导经济和社会发展的总体战略。党的第三代中央领导集体顺应时代发展的潮流,20世纪90年代中期在制定国民经济和社会发展"九五"计划以及2010年远景目标时,就将可持续发展确定为我国重大发展战略。1994年3月,国务院通过的《中国21世纪议程》确定了可持续发展战略。1995年9月，江泽民明确指出："在现代化建设中，必须把实现可持续发展作为一项重大战略。要把控制人口、节约资源、保护环境放到重要位置，使人口增长与社会生产力发展相适应，使经济建设与资源、环境相协调，实现良性循环。"1997年党的十五大强调："我国是人口众多、资源相对不足的国家，在现代化建设中必须实施可持续发展战略。坚持计划生育和保护环境的基本国策，正确处理经济发展同人口、资源、环境的关系。"2002年，江泽民在十六大报告中明确指出，全面建设小康社会的目标之一是走可持续发展道路，可持续发展道路是"推动整个社会走上生产发展、生活富裕、生态良好的文明发展道路"。党的第三代领导集体还提出了实施可持续发展战略的具体政策，如坚持计划生育，严格控制人口数量，大力提高人口质量，合理开发和节约使用各种自然资源，实施海洋开发，搞好国土资源综合整治，树立全民环保意识，搞好生态保护和建设。党的第三代中央领导集体提出可持续发展战略，对我国实施这一战略的必要性及如何实施的探讨，显然是中国社会主义现代化思想的又一新的丰富和发展。

第三，实施科教兴国和人才强国战略，用加快科技进步和提高劳动者素质推进中国社会主义现代化。要跟上世界新技术革命的步伐，以信息化带动工业化，提高我国经济的发展水平，必须充分发挥科学技术的关键作用。邓小平提出科学技术是第一生产力，强调依靠科技和教育加快经济发展。党的第三代中央领导集体根据邓小平的重要论断，制定了科教兴国战略。1995年5月，国务院作出的《关于加速科学技术进步的决定》，首次提出"科教兴国战略"。1997年，党的十五大报告全面清楚地阐述了科教兴国的主要内容。为推动科教兴国战略的实施，党的第三代中央领导集体提出了实施科教兴国战略的基本要求：坚持教育为本，把教育作为经济、政治、文化建设的基础工程，把科技和教育放到优先发展的地位；教育要以提高国民素质为根本宗旨，科技工作要面向经济主战场，把经济建设转到依靠科技进步和提高劳动者素质上来；加强基础研究和高技术研究，推进关键技术创新和系统集成，实现技术跨越式发展；鼓励科技创新，在关键领域和若干科技发展前沿掌握核心技术并拥有一批自主知识产权；深化科技和教育体制改革，完善科技服务体系，保护知识产权，加速科技成果向现实生产力转化等。党的第三代领导集体十分重视哲学社会科学在科教兴国中的作用，强调要大力促进哲学社会科学的发展与繁荣，先后提出社会科学与自然科学的四个"同样重要"和对社会科学的五个"高度重视"等论断。在实施科教兴国战略过程中,江泽民把科技创新提到了十分重要的地位,提出创新是民族进步的灵魂,是国家兴旺发达的不竭动力,要依靠科技创新实现社会生产力发展的跨越。科技创新的关键在人才,人才的成长靠教育,要努力提高我国的教育水平,紧紧抓住培养人才、吸引人才、用好人才三个环节,大力实施人才强国战略,努力建设一支宏大的富有创新能力的高素质人才队伍。

第四,提出西部大开发战略,用促进区域经济协调发展的办法推进中国的现代化。

党的十一届三中全会以后,为促进经济社会的发展,邓小平制定了允许一部分地区和一部分人先富裕起来的大政策,其目的是为了加速发展,通过先富带后富、先富帮后富,最终达到共同富裕。伴随着改革开放的进程,不同地区和个人之间的收入差距逐步拉大。在这种情况下,如何支持和帮助落后地区,实现地区之间的协调发展,就成为一个关系全局的重大问题。遵照邓小平的嘱咐,党的第三代中央领导集体从上个世纪90年代中期开始尝试解决这个问题,1995年9月,江泽民在党的十四届五中全会闭幕式上的讲话中指出:"解决地区发展差距,坚持区域经济协调发展,是今后改革和发展的一项战略任务。从'九五'计划开始,要更加重视和支持中西部地区经济的发展,逐步加大解决地区差距继续扩大趋势的力度,积极朝着缩小差距的方向努力。"这次全会决定采取中央转移财政支付、优先安排资源开发和基础设施项目、鼓励到中西部地区投资、理顺资源性产品价格体系等措施,支持中西部地区发展。1999年6月,江泽民提出实施"西部大开发战略"。同年11月,江泽民再次强调,"不失时机地实施西部大开发战略,直接关系到扩大内需、促进经济增长,关系到民族团结、社会稳定和边防巩固,关系到东西部协调发展和最终实现共同富裕,具有重要的现实意义和深远的历史意义"。他还指出:"西部大开发是一项宏大的工程……加快西部地区开发是异常艰巨的事业。我们既要有紧迫感,能办的事情先办,又要做好长期奋斗的思想准备,坚韧不拔,百折不挠,一定要把西部地区建设好。"江泽民认为,实施西部大开发对于实现中国现代化具有十分重要的意义,东、西部地区发展应该因地制宜、合理分工、各展所长、优势互补,在共同发展的原则基础上,统筹规划,拓展东西部地区经济一体化的广阔空间。

总之,党的十三届四中全会以来,以江泽民为主要代表的中国共产党人,在建设中国特色社会主义的伟大实践中,积累了治党治国治军的宝贵经验，在社会主义现代化建设实践中大胆进行了理论创新，提出了一系列相互联系、相互贯通的新思想、新观点、新论断，这些思想推进了中国现代化理论的进一步发展，是推进中国现代化进程的理论指南。

第四节　以胡锦涛为总书记的党中央在新的历史起点上坚持和发展了中国特色社会主义

十八大报告指出："新世纪新阶段，党中央抓住重要战略机遇期，在全面建设小康社会进程中推进实践创新、理论创新、制度创新，强调坚持以人为本、全面协调可持续发展，提出构建社会主义和谐社会、加快生态文明建设，形成中国特色社会主义事业总体布局，着力保障和改善民生，促进社会公平正义，推动建设和谐社会，推进党的执政能力建设和先进性建设，成功在新的历史起点上坚持和发展了中国特色社会主义。"

进入新世纪、新阶段，随着改革开放的不断深入，发展的环境、条件都发生了变化，国家对发展的质量要求更高了。以胡锦涛为总书记的党中央，站在时代的高度，既坚持了党的三代领导集体关于发展的重要思想,又深刻总结国内外在发展问题上的经验教训,科学分析我国发展进程中面临的新情况新问题,在继续坚持以经济建设为中心的前提下,更加突出强调城乡、区域、经济社会协调发展,强调可持续发展,强调以人为本。更加突出地坚持经济建设、政治建设、文化建设、社会建设协调发展。强调促进社会的全面进步和人的全面发展,着重解决关系民生的重大问题。

一、丰富和发展了党的指导思想

进入新世纪以来,国际形势风云变幻,国内改革发展稳定任务繁重。在科学发展观引领下,我国经济社会发展朝着以人为本、统筹兼顾、全面协调可持续的轨道转变,改革发展成果更多地惠及全体人民,实现人的权利、人的价值、人的尊严、人的发展成为鲜明特点,加快农村发展、缩小城乡差别取得显著进展,西部大开发、东北老工业基地振兴、中部崛起增添发展后劲,节能减排、绿色环保理念深入人心。中国经济发展迈入新阶段,社会文明跃上新台阶。

十年来,中国共产党之所以能紧紧抓住和利用我国发展的重要战略机遇期,战胜一系列严峻挑战,奋力把中国特色社会主义事业推进到一个新的发展阶段,最重要的就是勇于推进实践基础上的理论创新,形成和贯彻了科学发展观,为全面建成小康社会、加快推进社会主义现代化提供了有力的理论指导。

二、丰富和发展了中国特色社会主义总体布局

在中国特色社会主义建设中,党紧密结合当代中国和世界发展实际,对中国特色社会主义建设的重点及目标进行战略谋划和部署,逐步形成了中国特色社会主义的总体布局。党的十六大提出"物质文明、精神文明、政治文明"三个文明协调发展;经过十年的中国特色社会主义建设实践的发展,党的十八大报告发展了中国特色社会主义的总体布局,使中国特色社会主义的总体布局,由党的十七大报告提出的经济建设、政治建设、文化建设、社会建设的"四位一体",发展为经济建设、政治建设、文化建设、社会建设、生态文明建设"五位一体"。

三、对推动经济可持续协调发展的途径做了新的表述

胡锦涛在十八大报告中指出:坚持走中国特色新型工业

化、信息化、城镇化、农业现代化道路，促进工业化、信息化、城镇化、农业现代化同步发展。关于推动经济可持续协调发展途径的表述发生了重大变化。去掉了过去的"市场化、国际化"，增加了农业现代化。这是党总结我国社会主义市场经济建设中的经验，汲取一些发展中国家特别是拉美国家在经济发展中由于忽视社会公正而导致两极分化和社会动荡的教训，对推动经济可持续协调发展、实现现代化的途径做出的重大调整。这表明经过几年的实践，党对如何推动经济可持续协调发展的认识更深刻、更科学了。

四、拓展了中国特色社会主义政治发展道路和政治体制改革路径

党的十八大报告指出，要坚持走中国特色社会主义政治发展道路和推进政治体制改革。在政治体制改革的路径选择上，除了支持和保证人民通过人民代表大会行使国家权力、完善基层民主制度、推进依法治国、深化行政体制改革、建立健全权力运行制约和监督体系、巩固和发展最广泛的爱国统一战线外，第一次提出"要健全社会主义协商民主制度"。这是与我国国情和民主政治发展阶段相适应的，是中国特色社会主义政

治发展道路和政治体制改革路径的新拓展。政治体制改革必须把顶层设计与基层创新相结合。目前与构建和谐社会的要求相适应，应逐步完善协商民主制度和工作机制，推进协商民主广泛、多层、制度化发展。通过国家政权机关、政协组织、党派团体等渠道，就经济社会发展重大问题和涉及群众切身利益的实际问题广泛协商，广纳群言、广集民智，增进共识、增强合力，只有这样才能充分调动一切积极因素，推进社会主义民主政治和中国特色社会主义事业健康发展。

五、对党的建设主线进行了新的概括

通过分析世情、国情、党情新变化给党的建设带来的新挑战，对党的建设主线进行了新的概括，指出要"牢牢把握加强党的执政能力建设、先进性和纯洁性建设这条主线"，在党的建设主线中增加了"纯洁性"要求。

纯洁性是马克思主义政党的本质属性，保持党的纯洁性是马克思主义政党的本质要求和优良传统，是由党的性质和宗旨决定的。保持党的纯洁性是保持党的先进性、提高党的执政能力的前提和基础，在发展社会主义市场经济的新形势下，为了抵御剥削阶级腐朽思想的侵蚀，必须加强党的纯洁性建设。

执政能力建设、先进性和纯洁性建设在党的建设中的主线地位不是主观赋予的，是执政能力建设、先进性和纯洁性建设其自身的价值、作用、意义、影响所决定的。作为一个执政党，当前，党要着力解决的根本问题是执好政、长期执政问题，党的各方面建设都必须围绕提高党的执政能力来进行，以此巩固党的执政地位、完成党的执政使命。而执好政、长期执政的关键，在于保持好、发挥好党的先进性和纯洁性，在于党以其先进性和纯洁性而始终站在时代发展的前列，这就要求党的各方面建设都必须体现先进性和纯洁性。

六、对党的建设目标做了新的定位

党的十八大报告着眼于以改革创新精神全面推进党的建设新的伟大工程，全面提高党的建设科学化水平，对党的建设目标进行了新定位，提出"增强自我净化、自我完善、自我革新、自我提高能力，建设学习型、服务型、创新型的马克思主义执政党，确保党始终成为中国特色社会主义事业的坚强领导核心"。

建设学习型、服务型、创新型的马克思主义执政党，是党始终走在时代前列、引领中国发展进步的重要基础。在世界格局多极化、经济全球化、科技革命日新月异，社会主义市场经济深入发展的新形势下，我国在面临"黄金发展期"的同时，也面临"矛盾凸显期"。这一时期改革、发展、稳定的任务极为艰巨。要想确保党始终成为中国特色社会主义事业的领导核心，就必须把党建设成学习型、服务型、创新型的马克思主义执政党。

建设服务型马克思主义执政党，体现了中国共产党的历史方位变化以后，执政理念、执政方式的重大变化。要建设社会主义市场经济就要转变政府的职能，建设服务型政府；要实现政企分开、政资分开、政府与中介组织分开，把经济建设型政府转变为服务型政府。中国共产党是执政党，是社会的引领者，所以首先必须实现自身执政方式的转变，也就是说，由领导转变为服务。建设服务型政党，体现了中国共产党的与时俱进和时代特色。

第二章　中国特色社会主义的基本内涵

党的十八大报告对中国特色社会主义的基本内涵作了详细的阐述，那就是中国特色社会主义道路、中国特色社会主义理论体系、中国特色社会主义制度。从这三者的关系来看，"中国特色社会主义道路是实现途径，中国特色社会主义理论体系是行动指南，中国特色社会主义制度是根本保障，三者统一于中国特色社会主义伟大实践，这是党领导人民在建设社会主义长期实践中形成的最鲜明特色"。

第一节　中国特色社会主义道路

所谓中国特色社会主义道路，就是在中国共产党领导下，立足基本国情，以经济建设为中心，坚持四项基本原则，坚持改革开放，解放和发展社会生产力，建设社会主义市场经济、社会主义民主政治、社会主义先进文化、社会主义和谐社会、社会主义生态文明，促进人的全面发展，逐步实现全体人民共同富裕，建设富强民主文明和谐的社会主义现代化国家。

中国特色社会主义道路的核心是坚持一个中心两个基本点的基本路线。走中国特色社会主义道路是由我们当前的具体国情决定的。依据马克思主义哲学，社会存在决定社会意识。之所以要坚持走中国特色社会主义道路，总依据是我国还处在社会主义初级阶段，有三个基本的情况还没有变：社会主义初级阶段的基本国情没有变、人民群众日益增长的物质和文化需求与落后的社会生产力这个主要的社会矛盾没有变、中国作为世界上最大的发展中国家的国际地位没有变。这三个没有变决定我国必须坚定地在中国特色的社会主义道路上走下去。

这条道路是几代共产党人带领全国各族人民接力探索、不断丰富的结果，所以要倍加珍惜。首先是以毛泽东为核心的第一代中国共产党人，把马克思主义同中国革命的具体实际相结合，诞生了毛泽东思想，找到了一条"农村包围城市，武装夺取政权"的中国式的革命道路，取得了新民主主义革命的胜利。随后又通过对农业、手工业和资本主义工商业的社会主义改造，确立了社会主义基本制度。但是正如邓小平后来说的，"对于什么是社会主义，怎么建设社会主义，我们还不是很清楚"，所以走了一段弯路。直到十一届三中全会以后我国才实行改革开放，走上了中国特色的社会主义道路。所以说中国特色的社会主义道路是以邓小平为核心的第二代中国共产党人开创的，之后被一代代中国共产党人不断丰富和完善的结果。邓小平在党的十二大报告的开幕词中提出"走自己的路，建设有中国特色的社会主义"，此后，在党的十三大、十四大、十五大、十六大、十七大，一直到今天的十八大，中国特色社会主义的大旗始终被一代代中国共产党人高举着，并且丰富和完善着。邓小平提出"发展才是硬道理"，要物质文明、精神文明"两手抓，两手都要硬"。以江泽民为核心的第三代中央领导集体提出"发展是党执政兴国的第一要务"，把"发展"上升为党执政兴国的"第一要务"的高度，并且提出要实现物质文明、精神文明、政治文明三个文明协调发展；进入新世纪新阶段，以胡锦涛为核心的党中央领导集体继续坚持发展是党执政兴国的第一要务，贯彻落实科学发展观，坚持经济建设、政治建设、文化建设、社会建设"四位一体"的协调发展；在党的十八大报告中,又全面阐述科学发展观,并且把原来的"四位一体"的总布局完善到"五位一体","建设社会主义市场经济、社会主义民主政治、社会主义先进文化、社会主义和谐社会、社会主义生态文明,促进人的全面发展,逐步实现全体人民共同富裕,建设富强民主文明和谐的社会主义现代化国家"。这说明,经过30多年的实践检验和不断探索,中国特色的社会主义在中国大地日渐丰满成熟。

这条道路是被实践证明的最有利于中国发展的康庄大道。以经济实力为例:1978年,我国经济总量只有3645亿元;2001年,超过意大利居世界第六位;2005年超过法国居世界第五位;2006年超过英国居世界第四位;2007年超过德国居世界第三位;2010年超过日本居世界第二位。同时我国的国际地位也在不断上升,国际影响力不断增强,在国际事务中承担着越来越重要的角色。正如胡锦涛在报告中所讲:"只要我们胸怀理想、坚定信念,不动摇、不懈怠、不折腾,顽强奋斗、艰苦奋斗、不懈奋斗,就一定能在中国共产党成立一百年时全面建成小康社会,就一定能在新中国成立一百年时建成富强民主文明和谐的社会主义现代化国家。全党要坚定这样的道路自信、理论自信、制度自信!"

第二节　中国特色社会主义理论体系

中国特色社会主义理论体系，包括邓小平理论、"三个代表"重要思想、科学发展观在内的科学理论体系，是对马克思列宁主义、毛泽东思想的坚持和发展，同马列主义、毛泽东思想是一脉相承的关系。

一、邓小平理论

邓小平理论是马克思主义中国化的成果，是马克思主义在中国发展的新阶段。这个理论之所以能够成为马克思主义在中国发展的新阶段，是因为以下四点：第一，邓小平理论坚持解放思想、实事求是，在新的实践基础上继承前人又突破陈规，开拓了马克思主义的新境界；第二，邓小平理论坚持科学社会主义理论和实践的基本成果，抓住"什么是社会主义，怎样建设社会主义"这个根本问题，深刻地揭示社会主义的本质，把对社会主义的认识提高到新的科学水平；第三，邓小平理论坚持用马克思主义的宽广眼界观察世界，对当今时代特征和国际总体形势，对世界上其他社会主义国家的成败，发展中国家谋求发展的得失，发达国家发展的态势和矛盾，进行了正确分析，作出了新的科学判断；第四，总体来说，邓小平理论形成了新的建设有中国特色社会主义理论的科学体系。

邓小平理论的精髓是解放思想，实事求是。

邓小平理论第一次比较系统地初步回答了中国社会主义的发展道路、发展阶段、根本任务、发展动力、外部条件、政治保证、战略步骤、党的领导和依靠力量以及祖国统一等一系列基本问题，指导中国共产党制定在社会主义初级阶段的基本路线。

邓小平理论的主要贡献是：（1）在社会主义的发展道路问题上，强调走自己的路，不把书本当教条，不照搬外国模式，以马克思主义为指导，以实践作为检验真理的唯一标准，解放思想，实事求是，尊重群众的首创精神，建设有中国特色的社会主义。（2）在社会主义的发展阶段问题上，作出了我国还处在社会主义初级阶段的科学论断，强调这是一个至少需要上百年甚至更长时间的历史阶段，制定一切方针政策都必须以这个基本国情为依据，不能脱离实际，超越阶段。（3）在社会主义的根本任务问题上，指出社会主义的本质是解放生产力，发展生产力，消灭剥削，消除两极分化，最终达到共同富裕。判断改革和各方面工作的是非得失，归根到底，要以是否有利于发展社会主义社会的生产力，是否有利于增强社会主义国家的综合国力，是否有利于提高人民的生活水平为标准。科学技术是第一生产力，经济建设必须依靠科技进步和劳动者素质的提高。（4）在社会主义的发展动力问题上，强调改革也是一场革命，也是解放生产力，是中国现代化的必由之路，僵化停滞是没有出路的。经济体制改革的目标，是在坚持和完善社会主义公有制为主体、多种所有制经济共同发展的基本经济制度，坚持和完善按劳分配为主体、多种分配方式并存的制度的基础上，建立和完善社会主义市场经济体制。政治体制改革的目标，是以完善人民代表大会制度、共产党领导的多党合作和政治协商制度为主要内容，进一步扩大社会主义民主，健全社会主义法制，依法治国，建设社会主义法制国家。同经济、政治的改革和发展相适应，必须着力提高全民族的思想道德素质和科学文化素质，以培育"有理想、有道德、有文化、有纪律"的公民为目标，建设社会主义精神文明。（5）在社会主义建设的外部条件问题上，指出和平与发展是当今世界两大主题，必须坚持独立自主的和平外交政策，为我国现代化建设争取有利的国际环境。强调实行对外开放是改革和建设必不可少的，应当吸收和利用世界各国包括资本主义发达国家所创造的一切先进文明成果来发展社会主义，封闭只能导致落后。（6）在社会主义建设的政治保证问题上，强调坚持社会主义道路、坚持人民民主专政、坚持中国共产党的领导、坚持马克思列宁主义毛泽东思想。四项基本原则是立国之本，是改革开放和现代化建设健康发展的保证。（7）在社会主义建设的战略步骤问题上，提出"三步走"战略。在现代化建设的过程中要抓住时机，争取出现若干个发展速度比较快、效益又比较好的阶段，每隔几年上一个台阶。贫穷不是社会主义，可是同步富裕又是不可能的，必须允许和鼓励一部分地区、一部分人先富起来，以带动越来越多的地区和人们逐步达到共同富裕。（8）在社会主义的领导力量和依靠力量问题上，强调作为工人阶级先锋队的共产党是社会主义事业的领导核心，党必须适应改革开放和现代化建设的需要，不断改善和加强对各方面工作的领导，改善和加强自身建设。执政党的党风，以及党同人民群众的联系，是关系党生死存亡的问题。中国共产党必须依靠广大工人、农民、知识分子，必须依靠各民族人民的团结，必须依靠全体社会主义劳动者、拥护社会主义的爱国者和拥护祖国统一的爱国者的最广泛的统一战线。党领导的人民军队是社会主义祖国的保卫者和建设社会主义的重要力量。（9）在祖国统一的问题上，提出"一个国家、两种制度"的创造性构想。在一个中国的前提下，国家的主体坚持社会主义制度，香港、澳门、台湾地区保持原有的资本主义制度长期不变，按照这个原则来推进祖国和平统一大业的完成。

二、"三个代表"重要思想

江泽民在庆祝中国共产党成立80周年大会上的讲话中对"三个代表"重要思想的内涵进行了集中概括，那就是"中国共产党必须始终代表中国先进生产力的发展要求，代表中国先进文化的前进方向，代表中国最广大人民群众的根本利益"。

始终代表中国先进生产力的发展要求，就是党的理论、路线、纲领、方针、政策和各项工作，必须努力符合生产力发展的规律，体现不断推动社会生产力的解放和发展的要求，尤其要体现推动先进生产力发展的要求，通过发展生产力不断提高人民群众的生活水平。

始终代表中国先进文化的前进方向，就是党的理论、路线、纲领、方针、政策和各项工作，必须努力体现发展面向现代化、面向世界、面向未来的，民族的科学的大众的社会主义文化的要求，促进全民族思想道德素质和科学文化素质的不断提高，为我国经济发展和社会进步提供精神动力和智力支持。

始终代表中国最广大人民群众的根本利益，就是党的理论、路线、纲领、方针、政策和各项工作，必须坚持把人民群众的根本利益作为出发点和归宿，充分发挥人民群众的积极性、主动性、创造性，在社会不断发展进步的基础上，使人民群众不断获得切实的经济、政治、文化利益。

"三个代表"重要思想在邓小平理论的基础上，进一步回答了"什么是社会主义、怎样建设社会主义"的问题，创造性地回答了"建设什么样的党、怎样建设党"的问题，深化了对中国特色社会主义的认识。具体内容包括以下几个方面：（1）在中国特色社会主义思想路线问题上，强调大力弘扬与时俱进的精神，丰富和发展了中国特色社会主义的思想路线。解放思想，实事求是，与时俱进，是马克思主义的精髓。在新的历史条件下，江泽民强调，马克思主义具有与时俱进的理论品质。坚持解放思想，实事求是，与时俱进，必须不断根据实践的要求进行理论创新，不断开拓马克思主义理论发展的新境界，必须以科学的态度对待马克思主义，要把坚持和发展马克思主义统一于建设中国特色社会主义的伟大实践中。（2）在中国特色社会主义发展道路问题上,全面分析国际国内形势,科学总结我国和其他国家社会主义建设的历史经验,从而巩固党的执政地位和我国社会主义制度的战略高度,提出了"发展是党执政兴国的第一要务"的著名论断。强调在中国这样一个经济文化落后的发展中国家进行现代化建设,能否解决好发展问题,直接关系人心向背、事业兴衰;坚持用发展的办法解决前进的问题,是改革开放以来我国的一条重要经验。"三个代表"重要思想指出了发展的中心任务,即发展必须坚持以经济建设为中心,解决中国的所有问题,归根到底要靠经济的发展;扩大了发展的内涵,强调发展是全面的发展、可持续的发展,发展包括人的全面发展。(3)在中国特色社会主义发展阶段和发展战略问题上,提出了全面建设更高水平的小康社会的奋斗目标,深化了邓小平关于分阶段、有步骤地实现现代化的战略思想,丰富了党关于社会主义初级阶段的理论。(4)在中国特色社会主义根本任务问题上,"三个代表"重要思想强调生产力是社会发展的最终决定力量,人类社会的发展,是先进生产力不断取代落后生产力的历史过程。社会主义的根本任务是发展生产力,特别是先进生产力。在社会主义初级阶段,始终代表先进生产力的发展要求,大力促进先进生产力的发展，是中国共产党始终站在前列，保持先进性的根本体现和根本要求。（5）在中国特色社会主义改革问题上，强调改革是社会主义制度的自我完善和发展，是经济和社会发展的强大动力。改革的根本目的，就是要在各方面都形成与社会主义初级阶段基本国情相适应的比较成熟、比较定型的制度，使生产关系适应生产力的发展，使上层建筑适应经济基础的发展，使中国特色社会主义充满生机和活力。（6）在中国特色社会主义的对外开放问题上，强调对外开放是一项长期的基本国策。适应经济全球化趋势的发展和世贸组织的要求，我国要以更加积极的姿态走向世界，坚持"引进来"和"走出去"相结合，全面提高对外开放水平，在更大范围、更广领域和更高层次上参与国际经济技术合作和竞争，充分利用国际国内两个市场、两种资源，以开放促改革促发展。（7）在中国特色社会主义经济建设方面，强调我国是发展中的社会主义国家，在经济上要赶上发达国家，就要保持必要的发展速度，但更要注重增长的质量，努力实现发展的速度和结构、质量、效益相统一，保持国民经济持续快速健康发展。提高经济运行的质量和效益，关键是解决结构不合理的问题。把经济发展建立在主要依靠国内市场的基础上，扩大国内需求，是我国经济发展的基本立足点和长期战略方针。面对世界经济科技发展的新趋势,我国必须走新型工业化道路。(8)在中国特色社会主义政治建设方面,"三个代表"重要思想提出,发展社会主义民主政治,建设社会主义政治文明,是社会主义现代化建设的重要目标,必须在坚持四项基本原则的前提下,继续积极稳妥地推进政治体制改革,扩大社会主义民主,健全社会主义法制,建设社会主义法治国家,巩固和发展民主团结、生动活泼、安定和谐的政治局面。(9)在中国特色社会主义文化建设方面,强调中国特色社会主义文化,是凝聚和激励全国各族人民的重要力量,是综合国力的重要标志。全面建设小康社会,必须牢牢把握先进文化的前进方向,大力发展社会主义文化,建设社会主义精神文明,不断满足人民群众日益增长的精神文化需求,不断丰富人民的精神世界,增强人民的精神力量。(10)国防和军队建设方面,强调建立巩固的国防是我国现代化建设的战略任务,是维护国家安全统一和全面建设小康社会的重要保障。提出了走中国特色的精兵之路的思想,围绕"打得赢"和"不变质"这两大历史性课题,提出了军队和国防建设的总体思路和具体要求。(11)在坚持和发展爱国统一战线方面,强调在新世纪,统一战线作为党的一个重要法宝,绝不能丢掉;作为党的一个政治优势，绝不能削弱；作为党的一项长期方针，绝不能动摇。要坚持和完善共产党领导的多党合作和政治协商制度，巩固和发展社会主义民族关系，巩固和发展党同爱国宗教界的统一战线。要最广泛最充分地调动一切积极因素，不断为中华民族的伟大复兴增添新力量。（12）在实现祖国完全统一方面，强调完成祖国统一大业是中华民族的根本利益所在。推进祖国统一大业，最终解决台湾问题，要坚持"和平统一、一国两制"的基本方针和推进祖国和平统一进程的八项主张。（13）在外交和国际战略方面，江泽民深刻洞察世界形势发展的总趋势，提出了一系列外交战略思想，丰富了中国特色社会主义外交的理论和实践。（14）在中国特色社会主义执政党建设方面，强调要办好中国的事情，关键取决于中国共产党；一定要从新的实际出发，以改革的精神研究和解决党的建设面临的重大理论和现实问题，使党始终保持先进性和纯洁性，充满创造力、凝聚力和战斗力。高度重视并不断加强自身建设，是党从小到大，由弱到强，从挫折中奋起、在战胜困难中不断成熟的一大法宝。加强党的建设，必须按照党的政治路线来进行，围绕党的中心任务来展开，朝着党的建设总目标来加强，不断提高党的创造力、凝聚力和战斗力。"三个代表"重要思想紧紧围绕"建设一个什么样的党、怎样建设党"这个根本问题，明确了推进党的建设新的伟大工程的重点，提出了推进党的建设的总要求。（15）在建设中国特色社会主义的根本目的方面，它强调：人民是我们国家的主人，是决定我国前途和命运的根本力量，是历史的真正创造者。建设中国特色社会主义，是我国各族人民为实现自身利益、创造美好生活的共同事业，是亿万人民群众广泛参与的创造性事业。党的全部工作的出发点和落脚点，就是不断实现好维护好发展好最广大人民群众的利益。

三、科学发展观

科学发展观是马克思主义同当代中国实际和时代特征相结合的产物，是马克思主义关于发展的世界观和方法论的集中体现，对新形势下实现"什么样的发展、怎样发展"等重大问题作出了新的科学回答，把党对中国特色社会主义规律的认识提高到新的水平，开辟了当代中国马克思主义发展新境界。科学发展观是中国特色社会主义理论体系最新成果，是中国共产党集体智慧的结晶，是指导党和国家全部工作的强大思想武器。科学发展观同马克思列宁主义、毛泽东思想、邓小平理论、

"三个代表"重要思想一道，是党必须长期坚持的指导思想。

科学发展观的主要内容包括四个方面：第一要义是发展，核心是以人为本，基本要求是全面协调可持续，根本方法是统筹兼顾。

科学发展观的第一要义是发展。发展是马克思主义的重要范畴之一，马克思主义最注重的是发展社会生产力。作为一个社会主义国家的马克思主义执政党，根本任务就是发展社会生产力，发展是硬道理，科学发展更是硬道理。在当代中国，解决所有问题的关键仍然是发展，只有发展了才能从根本上把握人民的愿望，把握社会主义现代化建设的本质，把握党执政兴国的关键。这就要求全党必须更加自觉地把推动经济社会发展作为深入贯彻落实科学发展观的第一要义，牢牢抓住经济建设这个中心，坚持聚精会神搞建设、一心一意谋发展，着力把握发展规律、创新发展理念、破解发展难题，深入实施科教兴国战略、人才强国战略、可持续发展战略，加快形成符合科学发展观要求的发展方式和发展机制，不断解放和发展社会生产力，不断实现科学发展、和谐发展、和平发展，为坚持和发展中国特色社会主义打下牢固基础。

科学发展观的核心是以人为本。这里的"人"，是指最广大的人民群众，就是以工人、农民、知识分子等劳动者为主体，包括社会各阶层在内的最广大人民群众。这里的"本"，就是根本，就是出发点、落脚点。以人为本，就是以最广大人民的根本利益为本。以人为本，体现了马克思主义历史唯物论的基本原理，因为在马克思主义看来，人民群众才是历史的创造者。"以人为本"体现了党全心全意为人民服务的根本宗旨和推动经济社会发展的根本要求，也体现了人类社会的发展规律。所以，我党必须更加自觉地把以人为本作为深入贯彻落实科学发展观的核心立场，始终把实现好、维护好最广大人民群众根本利益作为党和国家一切工作的出发点和落脚点，尊重人民首创精神，保障人民各项权益，不断在实现发展成果由人民共享、促进人的全面发展上取得新成效。

科学发展观的基本要求是全面协调可持续。全面，是指各个方面都发展，是要以经济建设为中心，全面推进经济建设、政治建设、文化建设、社会建设和生态文明建设，实现经济发展和社会全面进步。协调，就是所有发展要素相互促进，良性互动，而不是相互制约。可持续，就是要坚持生产发展、生活富裕、生态良好的文明发展、永续发展，不能"吃子孙饭，断子孙路"。全面协调可持续就是要促进人与自然的和谐，实现经济发展和人口、资源、环境相协调，坚持走生产发展、生活富裕、生态良好的文明发展道路，保证一代接一代地永续发展。

统筹兼顾，协调好各方面利益关系，调动一切积极因素，是党的一条重要经验和长期坚持的战略方针。必须更加自觉地把统筹兼顾作为深入贯彻落实科学发展观的根本方法，坚持一切从实际出发，正确认识和妥善处理中国特色社会主义事业中的重大关系，统筹改革发展稳定、内政外交国防、治党治国治军各方面工作，统筹城乡发展、区域发展、经济社会发展、人与自然和谐发展、国内发展和对外开放，统筹各方面利益关系，充分调动各方面积极性，努力形成全体人民各尽所能、各得其所又和谐相处的局面。

解放思想、实事求是、与时俱进、求真务实，是科学发展观最鲜明的精神实质。

中国特色社会主义理论体系是一脉相承的，这里的"脉"就是马克思主义，中国特色社会主义理论是马克思主义与中国特色社会主义具体实践相结合的理论创新。实践发展永无止境，认识真理永无止境，理论创新永无止境。中国共产党勇于实践、勇于变革、勇于创新，把握时代发展要求，顺应人民共同愿望，不懈探索，把握中国特色社会主义规律，永葆党的生机活力，永葆国家发展动力，在党和人民创造性实践中奋力开拓中国特色社会主义更为广阔的发展前景。

第三节　中国特色社会主义制度

中国特色社会主义制度，就是人民代表大会制度的根本政治制度、中国共产党领导的多党合作和政治协商制度、民族区域自治制度以及基层群众自治制度等基本政治制度，中国特色社会主义法律体系，公有制为主体、多种所有制经济共同发展的基本经济制度，以及建立在这些制度基础上的经济体制、政治体制、文化体制、社会体制等各项具体制度。

对于道路、理论体系和制度的关系，党的十八大报告阐述得很清晰："中国特色社会主义道路是实现途径，中国特色社会主义理论体系是行动指南，中国特色社会主义制度是根本保障，三者统一于中国特色社会主义伟大实践，这是党领导人民在建设社会主义长期实践中形成的最鲜明特色。"报告中还明确指出："在改革开放三十多年一以贯之的接力探索中，我们坚定不移高举中国特色社会主义伟大旗帜，既不走封闭僵化的老路、也不走改旗易帜的邪路。中国特色社会主义道路、中国特色社会主义理论体系、中国特色社会主义制度，是党和人民九十多年奋斗、创造、积累的根本成就，必须倍加珍惜、始终坚持、不断发展。"

第三章　中国特色社会主义的建设内容

第一节　经济建设

经济发展与经济增长不同。经济增长是指一个国家或地区生产的产品与劳务总量的增加，一般以GDP、GNP等指标来核算和反映。经济发展除了包括经济增长的内容，还包括经济结构转变以及生态环境、医疗卫生、文化教育、人民生活质量和幸福指数等方面的变化和提升。

一、加快转变经济发展方式的必要性

在党的十八大报告中，胡锦涛明确提出"以经济建设为中心是兴国之要，发展仍是解决我国所有问题的关键。只有推动经济持续健康发展，才能巩固国家繁荣富强、人民幸福安康、社会和谐稳定的物质基础。必须坚持发展是硬道理的战略思

想，决不能有丝毫动摇。在当代中国，坚持发展是硬道理的本质要求就是坚持科学发展。以科学发展为主题，以加快转变经济发展方式为主线，是关系我国发展全局的战略抉择"，因此进一步完善社会主义市场经济体制，转变经济发展方式到了刻不容缓的时候了。

首先，经济发展的规律要求我国必须转变经济发展方式，从而实现我国经济的又好又快发展。

从世界经验来看，在工业化初期，由于技术水平低，主要依靠资源投入。当工业化进入一定阶段、经济总量达到一定规模时，整个社会就会受到资源供给约束，必然要求转变经济发展方式。这是一种客观规律。

我国经济发展恰恰经历了这样一个成长过程。十一届三中全会以后，在"解放思想，改革开放"的思想、路线、国策、方针指导下，蕴藏在人民群众和产业结构中的巨大生产力得到极大的解放。在百废待兴、与发达国家差距巨大的情况下，刚刚复苏的中国经济，必然强调"快"字当头，迅速提升经济总量。正是由于以经济建设为中心，改革开放以来，我国的经济建设取得了巨大成就，社会发展状况也有了很大改观，贫困人口大幅度减少，城乡居民生活水平得到了有效改善，社会公平得到了有效保障和体现。这是中国人民引以为豪的。但是,在资源环境方面,我们也付出了巨大的代价。从总体上看,过去我国的经济增长可以概括为"三高五低",即高能耗、高物耗、高污染和低劳动成本、低资源成本、低环境成本、低技术含量、低价格竞争,对环境造成了严重的污染和破坏。据统计,我国当时的单位生产总值综合能耗,相当于世界平均水平的3.8倍,美国的4.3倍,日本的11.3倍,而工业劳动生产率只有美国的5%。原国家发改委主任马凯曾说过:"如果我们的发展方式不转变的话,就是把3到4个地球的资源都给我们自己也不够。"因此,这样的快速增长持续的时间越长,对资源环境的压力越大,我们必须转变发展方式。

其次,资源、环境压力使得低成本的经济发展模式难以为继。

长期以来,我国经济发展一直遵循比较优势理论,走低成本、低价格的路线。低成本模式把资源、环境、劳动力的成本压到了不能再低的程度,却并没有考虑到这些生产要素的稀缺程度和真实社会成本,致使资源、环境承受着巨大压力,不堪重负。以铁矿石和石油为例,中国的铁矿石进口比重比较高,我国的粗钢产量占到了全球的47%,将近一半的水平,可是原料早已不足，大体上每消费三吨铁矿石有两吨需要进口。所以，中国正越来越依赖国际市场的铁矿石，而铁矿石的出口国经常联起手来涨价，这是中国一个巨大的软肋。

石油的情况更糟，美国和日本早在2001年的时候就以"9·11"为借口把石油的战略储备从半年提高到一年，而我国是从2004年开始宣布建立国家石油储备的，目标是能储备60天。结果当年国际石油价格从每桶33美元涨到55美元，然后一路飙升到现在。石油是经济的血液，从1993年起中国就从一个石油输出国变成了石油进口国，到2009年，超过半数的石油都要从外国进口，这是一个严峻问题。而且，从石油出口国来看，我国现在所进口石油的一些国家多半有政治上的动荡、战乱，比如伊拉克曾与我国签订了很多石油贸易合同，可是当萨达姆一下台，萨达姆政府所签的所有的合同都作废了，这给我国带来了近70亿美元的损失。从海上运输线来看，风险同样存在。美国通过伊拉克战争、阿富汗战争以及打击海盗等名义已经将其军事力量布置在海上所有的石油运输线上，从霍尔木兹海峡到马六甲海峡，到处都有美国的军事力量。现在的马六甲海峡因为海盗、天气、军事行动和人为事故已经变得很脆弱了，如果发生战争，整个波斯湾就是一片火海，那么霍尔木兹海峡这条世界最繁忙的石油运输线就会立刻中断，我国以及日本、韩国的油轮、货轮就不得不转向到南非的好望角，或者从大洋彼岸的巴拿马运河走。那样的话，不仅时间会大大延长，而且很难控制、预估成本。这个后果会很严重。

正是由于我国基本资源不足，使用效率低下，进口又不稳定不安全，所以中央提出要贯彻落实科学发展观，"十二五"规划才把转变经济发展方式作为主线，就是不能再靠现有的资源高消耗来维系经济的增长了，必须转变经济发展方式。

中国的环境压力也在不断增大。2007年我国仅二氧化碳排放量就高达60亿吨，居世界第一位，国际环保大会上，批评我国的声音越来越多了。所以无论是为世界负责，还是为子孙后代负责，我国都要转变经济发展方式。

最后，我国经济发展已进入新的阶段，应当更加重视GDP的质量和构成。

改革开放以来，我国经济实现了长足发展。如果说以前我国必须重视经济发展速度、重视经济总量，那么，现在就应当更加重视经济发展的质量。重视经济发展的质量，就要看GDP的内容，看它的实际构成。马克思在讲到使用价值和价值的关系时就强调使用价值是价值的物质承担者,不仅要看价值量,而且要看使用价值的性质和构成。比如清朝后期,虽然当时我国GDP的规模很大,但由于其主要构成部分是茶叶、丝绸、瓷器等,而西方国家的GDP构成则是机器设备、坚船利炮,所以我国还是落后,加上制度落后、政治腐败,最终的结果就是被动挨打。这说明,要提升一国的竞争力,必须改善GDP的构成。

综上所述,我国的经济发展方式到了必须转变的时刻了。

二、加快转变经济发展方式的思路与对策

首先,促进经济增长由主要依靠投资、出口拉动向依靠消费、投资、出口协调拉动转变。

2003年以后,我国国民经济进入新一轮上升期,在基础设施建设和房地产产业的拉动下,钢铁、水泥、电解铝、技术装备业迅速增长,带来了投资率的长期居高不下。投资率过高,消费率过低,带来的直接影响是居民消费水平不能与经济发展得到同步提高。而且大量产品用于投资和出口,还会在一定程度上造成生产能力闲置,贸易摩擦不断增加。过去几年,我国出口遭遇来自许多国家的反倾销投诉和贸易纠纷。由于国际金

融危机使发达国家的市场萎缩，预计最近几年内，发达国家的市场不可能再出现危机之前较快增长的局面，随之而来的是对我国商品的进口能力下降，因此我国出口对经济增长的拉动作用正在下降。过度依赖出口和投资拉动经济增长，已经不能持续下去了，要促进经济增长由主要依靠投资、出口拉动向依靠消费、投资、出口协调拉动转变。为此，一是要把扩大内需放在突出位置上；二是要调整收入分配结构，努力提高居民收入水平；三是要把扩大公共服务作为扩大消费的重点，让每个人在医疗、教育、社会保障等方面都能够享受到大体相当的服务水平；四是要加快城镇化进程，通过城市化拉动我国经济较快增长。当前城镇化的一个重要问题，就是怎样把在城市有了稳定收入、稳定工作的农民工变成城市人口，这是一项具有重要意义的工作。要为进城的农民工提供必要的服务，比如说把为农民工服务的托儿所、学校也纳入到城市公共服务的范围等。

其次，促进经济增长由主要依靠第二产业带动向依靠第一、第二、第三产业协同带动转变。

现在，第三产业占我国整个GDP的比重只有40%，从业人员占全社会从业人员的比重只有33%。第三产业比重过低带来的一个最大问题，就是就业的矛盾越来越突出。发达国家第三产业就业占70%到80%，我国第三产业发展滞后，使得第三产业吸纳就业容量大的优势无法发挥。

分析第三产业发展慢的原因，一是第三产业税收负担比第二产业重；二是缺乏一个专门为小企业和个体户服务的金融体系，第三产业的主体是小企业和个体户，需要的流动资金规模比较小，在我国目前的银行体系里，还缺乏专门提供小额贷款的金融机构，第三产业的小企业和个体户得不到流动资金的贷款支持；三是为生产服务的新兴服务业还缺乏发展经验。第三产业发展滞后已经严重制约了第一产业和第二产业的发展。在第三产业中，为生活服务的一般传统服务业并不落后，落后的是为生产服务的新兴服务业，包括技术、咨询、金融、物流、中介服务等。例如物流，发达国家的物流成本占GDP的10%左右，我国接近20%，原因在于专业化、社会化的现代物流体系还没有形成。再例如，技术创新在发达国家已经成为第三产业的一个重要组成部分了，包括技术成果的评估、技术贸易市场等，而技术创新在我国绝大部分仍停留在企业内部。

为了加快第三产业发展，必须制定有效的政策。"十二五"期间要力求第三产业发展取得突破。

第三，促进经济增长由主要依靠增加物质资源消耗向主要依靠科技进步、劳动者素质提高、管理创新转变。

一是企业要成为自主创新主体。农业经济时代，生产要素中占主导地位的是土地；在工业经济时代，最主要的要素是资金；那么，在知识经济时代最主要或主导性的要素是什么？是知识，是掌握知识和技能的有创新能力的人才，所以要重视创新。现在的问题是，国有企业还没有成为创新的主体。其主要原因是现在对国企的考核指标主要是考核有形资产的保值增值，不包括无形资产。随着社会的进步，无形资产越来越重要。要建立一个鼓励发展方式转变和自主创新的体制机制，建立一个激励国有企业增加研发投入的机制。如果体制机制不变，发展方式是很难转变的，企业也不愿意增加研发投入。例如，华为公司每年能够申请1000多个专利，如果再培育30个像华为这样的公司，我国的科技实力就可以有很大的提高。

二是完善鼓励创新的政策和社会环境。目前，要建立以自主创新带动高技术产业发展的政策环境。在这方面，深圳走出了以自主创新带动产业升级的路子。从上个世纪90年代中期开始，深圳就明确提出要实行两个转变：其一，要从以外资企业为主向内资高技术企业为主转变；其二，出口要从以加工贸易为主向以一般贸易为主转变。为了集中力量扶持内资高技术企业发展，深圳市政府兴办了风险投资公司和贷款担保公司，现在在深圳成长起来的企业，90%以上在它们发展的关键阶段都得到过这两个公司的支持。

三是充分利用国际市场的科技资源。国际金融危机使发达国家的一些企业经营困难，面临倒闭。通过国际并购，我们可以把国外经营困难、又拥有比较好的科技资源的企业并购过来，可以使我国企业的自主创新能力上一个新台阶。同时，还可以通过引智创新，吸引更多的海外优秀人才。现在国际市场上的科技资源很多，我们应当加以利用，通过利用国际市场的科技资源来提升自主创新能力。

第四，加快推进农业发展方式转变。

党的十七届三中全会通过的《中共中央关于推进农村改革发展若干重大问题的决定》提出，大力推进改革创新，加强农村制度建设。

稳定和完善农村基本经营制度，建全严格规范的农村土地管理制度，完善农业支持保护制度，建立现代农村金融制度，建立促进城乡经济社会发展一体化制度，健全农村民主管理制度，是对今后一个时期农村改革任务的一个全面部署。建立和完善这六项制度，有利于推进农村现代化，有利于农村和谐稳定。

建立城乡一体化的制度，对于加快农村发展是至关重要的。这包括六个一体化：一是城乡规划一体化。今后城市建设和农村建设要城乡统一规划。在一个城市内，哪个地方是居民区，哪个地方是工业区，哪个地方是农田保护区，哪个地方是生态涵养区，哪个地方是商贸区，都要有一个明确的、科学的划分，做好整体规划。通过5年、10年不断努力，真正构建一个环境优美的城乡建设总体格局。二是产业布局一体化。例如，城市可以直接设立一些农业服务公司，农民打个电话，灌溉公司、收割公司就可以直接提供社会化的服务。三是基础设施一体化。城市的道路、供水、供电，包括污水处理、垃圾处理要向农村延伸，让农民也能过上现代化的生活。例如，有了自来水以后，农村居民就可以买洗衣机等家用电器，这也是当前改善农村生活条件的一个方面。四是公共服务一体化。教育、医疗、社会保障要向农村延伸。五是要素市场一体化。促进城乡之间的多类生产要素自由、双向流动。六是社会管理一体化。

第五,建立促进发展方式转变的体制机制。

一是要从制度上发挥市场资源配置的基础性作用。资源价格不仅要反映其开采成本,还要反映它的环境成本和稀缺程度。由于资源价格构成中不包括短缺性这一因素,造成资源的价格太低,相关部门要通过资源价格调整来保护资源,发挥资源的效益。二是要改革金融体制。目前我国金融运行总体来讲是健康的,银行资产质量比较好。现在的问题是专门为小企业、个体户和农户服务的小额贷款体系欠缺,所以改革的重点是怎样建立一个为小型、微型经济主体服务的金融体系。美国一共有8000多个银行,其中90%都是区域性的社区银行。社区银行只在一个地区之内吸收存款,发放贷款。这些小银行对当地客户比较熟悉,成为地方经济发展的一个重要支撑。我国现在金融体系尚缺乏这样的"毛细血管",金融的"血液"输送不到小型、微型的经济主体里去。所以要通过改革完善金融服务体系,支持创业活动和技术创新成果的产业化。三是改革政绩考评机制。各级部门应发挥好政绩考核评价的"指挥棒"作用,引导各级政府克服GDP崇拜,更加自觉地按照科学发展观的要求把主要精力集中到加快经济发展方式转变上来。

第二节　政治建设

一、政治体制改革的必要性

改革开放三十多年，我们党团结和带领全国各族人民，解放思想、实事求是，同心同德、锐意进取，在推进中国特色社会主义建设方面取得了历史性的成就。但是我们也必须看到我国在政治体制方面还存在的一些不足：

一是政治体制改革相对滞后。随着经济体制改革的深入，特别是社会主义市场经济的不断发展，政治体制逐渐显露出不适应性。改革开放作为一项国策，之所以取得了巨大的成功，是因为我国采取了先进行经济改革后进行政治改革的战略。但是中国经济发展到今天，逐步暴露出了我国旧的政治体制的种种弊端，诸如党政不分、权力过度集中、机构臃肿、效率低下、法制不完善等，从而严重束缚了生产力的解放。

二是改革与完善党的领导方式、执政方式的任务虽然提了出来，但还缺乏研究和探索，远远没有破题。在一些领域还不同程度地存在着党政不分、权利过度集中等问题。

三是在民主的制度化、法律化建设上,还有很多需要完善的地方。譬如人民代表大会制度、共产党领导下的多党合作和政治协商制度、基层民主政治制度等还很不完善、很不健全;干部人事制度改革、政治监督的改革还缺乏力度,从而导致腐败不绝、吏治失范、权威流失等问题。

邓小平在论述政治体制改革和经济体制改革的关系的时候,指出只有搞好政治体制改革,才能确保经济体制改革的成果,促进经济体制改革更深入地发展。

二、政治体制改革的目标、性质和原则

从我国政治体制改革的目标确定来看,经历了一个不断丰富和明确的过程。邓小平说:"政治体制改革的目的,总的来说是要消除官僚主义,发展社会主义民主,调动人民和基层单位的积极性。"具体地说,政治体制改革的第一个目标是"始终保持党和国家的活力";第二个目标是"克服官僚主义,提高工作效率";第三个目标是"调动基层和工人、农民、知识分子的积极性"。改革的总目的,是要有利于巩固社会主义制度,有利于巩固党的领导,有利于在党的领导和社会主义制度条件下发展生产力。

在党的十二大上所提出的建设高度的社会主义民主，是我国的根本目标和根本任务之一。社会主义民主的建设必须同社会主义法制的建设紧密地结合起来，使社会主义民主制度化、法律化。党的十三大提出，进行政治体制改革，就是要兴利除弊，建设有中国特色的社会主义民主政治，政治体制改革的长远目标是建立高度民主、法制完备、富有效率、充满活力的社会主义政治体制，近期目标是建立有利于提高效率、增强活力和调动各方面积极性的领导体制。党的十四大提出，要积极推进政治体制改革，使社会主义民主和法制建设有一个较大的发展；要下决心进行行政管理体制和机构改革，切实做到转变职能、理顺关系、精兵简政、提高效率。党的十五大提出，在坚持四项基本原则的前提下，继续推进政治体制改革，进一步扩大社会主义民主，健全社会主义法制，依法治国，建设社会主义法治国家，从制度和法律上保证党始终发挥总揽全局、协调各方的领导核心作用。党的十六大提出，发展社会主义民主政治，建设社会主义政治文明，是全面建设小康社会的重要目标，并特别指出，政治体制改革是社会主义政治制度的自我完善和发展、发展社会主义民主政治，最根本的是要把坚持党的领导、人民当家做主和依法治国有机统一起来；要着重加强制度建设，实现社会主义民主政治的制度化、规范化和程序化。党的十七大提出，"政治体制改革作为我国全面改革的重要组成部分，必须随着经济社会发展而不断深化，与人民政治参与积极性不断提高相适应"，"深化政治体制改革，必须坚持正确政治方向，以保证人民当家做主为根本，以增强党和国家活力、调动人民积极性为目标，扩大社会主义民主，建设社会主义法治国家，发展社会主义政治文明"。党的十八大提出，"政治体制改革是我国全面改革的重要组成部分。必须继续积极稳妥推进政治体制改革，发展更加广泛、更加充分、更加健全的人民民主"，"以保证人民当家做主为根本，以增强党和国家活力、调动人民积极性为目标，扩大社会主义民主，加快建设社会主义法治国家，发展社会主义政治文明"。

综上所述，改革开放以来，党和国家推进政治体制改革的决心是坚定不移的，确定的目标始终如一，而且越来越深入、明确和具体。

我国政治体制改革从性质上来看，是社会主义政治制度的自我完善和发展。这是由我国的社会主义性质、政治体制改革的内容和目标所决定的，是不容改变的。只有坚持社会主义政治制度的自我完善和发展这一性质和方向，才符合不断实现、维护和发展以占中国人口最多数的工人、农民及其他普通劳动者为主体的全体人民的根本利益、现实利益和长远利益。

我国政治体制改革坚持的原则是，必须坚持党的领导、人民当家做主、依法治国有机统一，以保证人民当家做主为根本，以增强党和国家活力、调动人民积极性为目标，扩大社会主义民主，加快建设社会主义法治国家，发展社会主义政治文明。

三、政治体制改革的主要任务

中国政治体制改革的目标是在宪法和法律的框架内，党委领导，政府负责，人大监督，政协参与，司法独立。当前和今后一个时期政治改革的具体任务主要有以下八点：

一是加强党的领导，提高执政能力。历史和实践反复证明，没有共产党就没有新中国，没有共产党也没有中国特色的社会主义。要"牢牢把握加强党的执政能力建设、先进性和纯洁性建设这条主线"，不断提高党建的科学化水平。重点是提高党的领导水平和执政水平，提高拒腐防变和抵御风险能力，把中国共产党建成一个学习型、服务型、创新型的马克思主义执政党，确保党始终成为中国特色社会主义事业的坚强领导核心。

二是转变政府职能，确保政府依法行政。要按照建立中国特色行政体制目标，深入推进政企分开、政资分开、政事分开、政社分开，建设职能科学、结构优化、廉洁高效、人民满意的服务型政府。深化行政审批制度改革，继续简政放权，推动政府职能向创造良好发展环境、提供优质公共服务、维护社会公平正义转变。

三是强化人大职能。人民代表大会制度是保证人民当家做主的根本政治制度，使党的主张通过法定程序成为国家意志，支持人大及其常委会充分发挥国家权力机关作用，依法行使立法、监督、决定、任免等职权，加强立法工作组织协调，加强对"一府两院"的监督，加强对政府全口径预算决算的审查和监督；提高基层人大代表特别是一线工人、农民、知识分子代表比例，降低党政领导干部代表比例；在人大设立代表联络机构，完善代表联系群众制度；健全国家权力机关组织制度，优化常委会、专委会组成人员的知识和年龄结构，提高专职委员比例，增强依法履职能力。

四是强化政协职能。政协是中国民主建设的重要组成部分，政协委员必须实行差额选举，大力减少官员任委员的比例，委员应以专家和基层群众为主，政协作为议政、咨询机构，凡须人代会通过的法律、重大议案都应事先交由政协讨论，但不表决，议后应将原始记录整理后（不可修改）移送每位人大代表参阅。政协还可以就有关国计民生问题开展调查研究，向政府有关部门提出，政府必须作出解释或提出改进意见。政协委员提交的议案政府部门必须予以答复，必要时可要求行政首长出席政协会议予以答复，努力把政协发展成群策群议、参政议政的民主机构。

五是全面推进依法治国。法治是治国理政的基本方式。要推进科学立法、严格执法、公正司法、全民守法，坚持法律面前人人平等，保证有法必依、执法必严、违法必究。完善中国特色社会主义法律体系，加强重点领域立法，拓展人民有序参与立法途径。推进依法行政，做到严格规范公正文明执法。进一步深化司法体制改革，确保审判机关、检察机关依法独立公正行使审判权、检察权。深入开展法制宣传教育，弘扬社会主义法治精神，树立社会主义法治理念，增强全社会学法尊法守法用法意识。提高领导干部运用法治思维和法治方式深化改革、推动发展、化解矛盾、维护稳定能力。党领导人民制定宪法和法律，党必须在宪法和法律范围内活动。任何组织或者个人都不得有超越宪法和法律的特权，绝不允许以言代法、以权压法、徇私枉法的现象产生。

六是推进基层民主。在城乡社区治理、基层公共事务和公益事业中实行群众自我管理、自我服务、自我教育、自我监督，是人民依法直接行使民主权利的重要方式。要健全基层党组织领导的充满活力的基层群众自治机制，以扩大有序参与、推进信息公开、加强议事协商、强化权力监督为重点，拓宽范围和途径，丰富内容和形式，保障人民享有更多更切实的民主权利。全心全意依靠工人阶级，健全以职工代表大会为基本形式的企事业单位民主管理制度，保障职工参与管理和监督的民主权利。发挥基层各类组织的协同作用，实现政府管理和基层民主有机结合。

七是健全社会主义协商民主制度。这是与我国国情和民主政治发展阶段相适应的，是中国特色社会主义政治发展道路和政治体制改革路径的新拓展，是我国人民民主的重要形式。政治体制改革必须把顶层设计与基层创新相结合。目前与构建和谐社会的要求相适应，我们应逐步完善协商民主制度和工作机制，推进协商民主广泛、多层、制度化发展。通过国家政权机关、政协组织、党派团体等渠道，就经济社会发展的重大问题和涉及群众切身利益的实际问题进行广泛协商，广纳群言、广集民智，增进共识、增强合力，只有这样才能充分调动一切积极因素，推进社会主义民主政治和中国特色社会主义事业健康发展。

八是建立健全权力运行制约和监督体系。坚持用制度管权、管事、管人，通过保障人民知情权、参与权、表达权、监督权，确保权力正确运行。要确保决策权、执行权、监督权既相互制约又相互协调，确保国家机关按照法定权限和程序行使权力。坚持科学决策、民主决策、依法决策，健全决策机制和程序，发挥思想库作用，建立决策问责和纠错制度。凡是涉及群众切身利益的决策都要充分听取群众意见，凡是损害群众利益的做法都要坚决予以防止和纠正。推进权力运行公开化、规范化，完善党务公开、政务公开、司法公开和各领域办事公开制度，健全质询、问责、经济责任审计、引咎辞职、罢免等制度，加强党内监督、民主监督、法律监督、舆论监督，让人民监督权力，让权力在阳光下运行。

中国特色社会主义政治发展道路是团结亿万中国人民共同奋斗的正确道路。要坚定不移地沿着这条道路前进，使我国社会主义民主政治展现出更加旺盛的生命力。

第三节　文化建设

十八大报告指出：文化是民族的血脉，是人民的精神家园。全面建成小康社会，实现中华民族伟大复兴，必须推动社会主义文化大发展大繁荣，兴起社会主义文化建设新高潮，提高国家文化软实力，发挥文化引领风尚、教育人民、服务社会、推动发展的作用。

一、推进社会主义文化强国建设的必要性

首先，文化建设是中国特色社会主义事业总体布局的重要组成部分。马克思主义认为，文化是人类精神生产的能力和产品，它是一定社会经济和政治的反映，又给予一定社会的经济和政治以巨大的影响。中国共产党始终高度重视文化建设，早在1940年，毛泽东就在《新民主主义论》中指出："我们共产党人，多年以来，不但为中国的政治革命和经济革命而奋斗，而且为中国的文化革命而奋斗。"改革开放以来，党不断加深了对社会主义建设规律的认识。党的十五大明确提出了社会主义初级阶段中国特色社会主义经济建设、政治建设和文化建设

的基本纲领，强调建设有中国特色社会主义的文化，就是以马克思主义为指导，以培育有理想、有道德、有文化、有纪律的公民为目标，发展面向现代化、面向世界、面向未来的，民族的科学的大众的社会主义文化。党的十六大以后，党又明确提出了文化建设是中国特色社会主义总体布局的构成之一。文化建设作为这个总体布局的重要组成部分，是经济、政治、社会、生态文明建设的反映，又对经济、政治、社会和生态文明建设有着重要的影响和作用，只有大力发展社会主义先进文化，才能为经济、政治、社会和生态文明建设提供有力的思想保证、精神动力和智力支持。

其次，加强文化建设是提高全民族整体素质的重要途径。当今世界，激烈的综合国力竞争，越来越表现为教育科学发展水平和民族综合素质的竞争。我国是一个拥有13亿人口的大国，如何不断提高全民族的思想道德素质和科学文化素质，把沉重的人口负担转化为巨大的人力资源优势，把人口大国建设成为人力资源大国，直接关系到我国现代化建设和民族复兴能否顺利实现，这也是党在执政过程中必须重视和解决的一个重大问题。加强文化建设，有利于各级部门坚持马克思主义在意识形态领域的指导地位，牢牢把握社会主义先进文化的前进方向，加强和改进思想政治工作，提高人民群众的思想道德觉悟，进一步形成全社会共同的理想信念和道德规范，打牢全党全国各族人民团结奋斗的思想道德基础；有利于落实科教兴国战略，加快发展教育和科学事业，不断提高全民族的科学文化素质。

第三，加强文化建设是全面建成小康社会的重要奋斗目标。加强文化建设，满足人民群众日益增长的精神文化需求，是全面实施国家发展战略的需要，是加快提高国家文化软实力的需要。当今世界，文化的作用日益凸显，不仅经济社会发展越来越有赖于文化的支撑，文化产品和服务也直接成为国际贸易和国际竞争的重要内容，而且文化领域已经成为国际政治斗争和意识形态较量的主战场，越来越多的国家把提高文化软实力作为重要发展战略。随着改革开放和经济社会的发展，人民的精神文化需求日趋旺盛，人们思想活动的独立性、选择性、多变性、差异性明显增强，对发展社会主义先进文化提出了更高要求。而我国文化发展同经济快速发展相比相对滞后，同全面建设小康社会的要求不相适应，同人民日益增长的精神文化需求也不相适应，这在客观上要求我国文化有一个大发展大繁荣。

第四，提升文化软实力的需要。文化软实力是美国学者约瑟夫·奈提出的衡量一个国家的综合国力高低的新概念，主要是指与经济、科技、军事领域表现出的"硬实力"相对应的，包括因文化、价值观、制度、政策等对其他文化的吸引力、影响力。

撒切尔夫人曾如此评价："一个只能出口电视机而不是思想观念的国家，成不了世界大国。"撒切尔夫人的断言，刺耳却发人深思。比如，现在美国出口排在第一位的是文化产业，控制了全世界60%—80%的电视和广播节目的制作，占有了全世界2/3的电影总票房。而我国的新闻出版行业的整个销售额却比不上贝塔斯曼等大文化传媒集团下属的任何一家公司。随着文化产品走向世界的是美国的价值观，当今世界正处在大发展大变革大调整时期，世界多极化、经济全球化深入发展，科学技术日新月异，各种思想文化交流、交融、交锋更加频繁，文化在综合国力竞争中的地位和作用更加凸显，维护国家文化安全任务更加艰巨，增强国家文化软实力、中华文化国际影响力的要求更加紧迫。我国作为一个对世界产生过深远影响的、具有五千年历史的文明古国，尤其是在经济崛起国力大增之时，更应该注重挖掘文化的潜力，做到文化软实力的与时俱进。

二、努力建设社会主义文化强国

要想建设具有中国特色社会主义的文化强国，我们可以在以下几个方面着手：

一是要加强社会主义核心价值体系建设。社会主义核心价值体系是兴国之魂，决定着中国特色社会主义发展方向。要通过开展社会主义核心价值体系学习教育，用社会主义核心价值体系引领社会思潮、凝聚社会共识。通过广泛开展理想信念教育，把广大人民团结凝聚在中国特色社会主义伟大旗帜之下。从国家层面看，追求富强、民主、文明、和谐；从社会层面看，倡导自由、平等、公正、法治；从公民个人层面看，做到爱国、敬业、诚信、友善。总之，通过积极培育社会主义核心价值观，牢牢掌握意识形态工作领导权和主导权，坚持正确导向，提高引导能力，壮大主流思想舆论。

二是要全面提高公民道德素质。这是社会主义道德建设的基本任务。要坚持依法治国和以德治国相结合，加强社会公德、职业道德、家庭美德、个人品德教育，弘扬中华传统美德，弘扬时代新风。通过推进公民道德建设工程，在全社会弘扬真善美、贬斥假恶丑，引导人们自觉履行法定义务、社会责任、家庭责任，营造劳动光荣、创造伟大的社会氛围，培育知荣辱、讲正气、作奉献、促和谐的良好风尚。针对道德领域内的突出问题，深入开展专项教育和治理，严厉打击失信、违法行为，加强政务诚信、商务诚信、社会诚信和司法公信建设，切实在社会上树立起诚信意识。通过加强和改进思想政治工作，注重人文关怀和心理疏导，培育自尊自信、理性平和、积极向上的社会心态。大力开展群众性精神文明创建活动，广泛开展志愿服务，推动学雷锋活动、学习宣传道德模范常态化。

三是要丰富人民精神文化生活。要全面贯彻"二为"方向和"双百"方针，提高文化产品质量，为人民提供更好更多的文化产品。文化繁荣发展的重要标志是创作生产出更多无愧于历史、无愧于时代、无愧于人民的优秀作品。要坚持面向基层、服务群众的方向，加快推进重点文化惠民工程，加大对农村和欠发达地区文化建设的帮扶力度，继续推动公共文化服务设施向社会免费开放。优秀传统文化凝聚着中华民族自强不息的精神追求和历久弥新的精神财富，是发展社会主义先进文化的深厚基石，是建设中华民族共有精神家园的重要支撑。各级职能部门应专注于以下几点：要建设优秀传统文化传承体系，弘扬中华优秀传统文化；推广和规范使用国家通用语言文字；繁荣发展少数民族文化事业；开展群众性文化活动，引导群众在文化建设中自我表现、自我教育、自我服务；开展全民阅读活动；加强和改进网络内容建设，唱响网上主旋律；加强网络社会管理，推进网络规范有序运行；开展"扫黄打非"，抵制低俗现象；普及科学知识，弘扬科学精神，提高全民科学素养；广泛开展全民健身运动，促进群众体育和竞技体育全面发展。

四是要增强文化整体实力和竞争力。文化实力和竞争力是国家富强、民族振兴的重要标志。要坚持把社会效益放在首位、社会效益和经济效益相统一，推动文化事业全面繁荣、文化产业快速发展。各级相关部门应加强重大公共文化工程和文化项目建设，完善公共文化服务体系，提高服务效能。以公共财政为支撑，以公益性文化事业单位为骨干，以全体人民为服务对象，鼓励全社会积极参与，健全公共文化服务网络，大力发展公益性文化事业，切实保障人民群众看电视、听广播、读书看报、进行公共文化鉴赏、参与公共文化活动等基本文化权益。同时，促进文化和科技融合，发展新型文化业态，提高文化产业规模化、集约化、专业化水平，推动文化产业快速发展。经营性文化产业是满足人民多层次、多方面、多样化精神文化需求的重要途径,是充分发挥市场在文化资源配置中的积极作用,激发全社会文化创造活力的必然要求。一个国家文化的影响力,不仅取决于其内容是否具有独特魅力,而且取决于其是否具有先进的传播手段和强大的传播能力。特别是当今信息社会,谁的传播手段先进、传播能力强大,谁的文化理念和价值观念就能广为流传,谁就掌握影响世界、影响人心的话语权。扩大文化领域对外开放,积极吸收借鉴国外优秀文化成果,有利于营造高素质文化人才大量涌现的健康成长的良好环境,造就一批名家大师和民族文化代表人物。

要坚持社会主义先进文化前进方向,树立高度的文化自觉和文化自信,向着建设社会主义文化强国宏伟目标阔步前进。

第四节 社会建设

加强社会建设,是社会和谐稳定的重要保证。必须从维护广大人民根本利益的高度,加快健全基本公共服务体系,加强和创新社会管理,推动社会主义和谐社会的建设。

一、加强社会建设必须以保障和改善民生为重点

近些年来,教育、医疗、住房等民生问题引起了社会的广泛关注。十八大报告顺应民意,提出"要多谋民生之利,多解民生之忧,解决好人民最关心最直接最现实的利益问题,在学有所教、劳有所得、病有所医、老有所养、住有所居上持续取得新进展,努力让人民过上更好生活"。因此,要努力办好人民满意的教育,推动实现更高质量的就业,增加居民收入,推进社会保障体系建设,提高人民健康水平,加强和创新社会管理。

一是要努力办好人民满意的教育。当今世界竞争日趋激烈,国家之间的竞争本质上是人才的竞争。从经济社会的发展看,人力资本是推动现代国家经济增长的重要原因,而教育是人力资本投资的最主要方式,从发达国家的经验看,无一不重视发展教育。个人通过高等教育,才能实现充分就业并且实现人生价值,所以,教育是国家振兴和社会进步的基石,也是解决群众发展需求的重大民生问题。因此,要深化教育领域综合改革,全面实施素质教育,努力提高教育质量,培养学生创新

精神。随着社会的快速发展，各部门组织要与时俱进，建设学习型社会，完善终身教育体系。当前，面对我国存在的地区差距、城乡差距，要大力促进教育公平，合理配置教育资源，重点向农村、边远、贫困、民族地区倾斜，提高家庭经济困难学生资助水平，积极推动农民工子女平等接受教育。特别是在城乡教育设施不足、政府财力有限的情况下，党和政府更要鼓励引导社会力量兴办教育，共同解决上学难问题。

二是要推动实现更高质量的就业。首先，就业是民生之本。对社会来讲，劳动可以创造社会财富。对个人来说，就业是生存和发展的基础。同时，人们通过参加劳动，建立各种生产关系和社会关系，融入社会，满足人的归宿感、成就感，甚至获得社会尊严，从这个意义上讲，劳动还是人融入社会的基本方式。所以就业是民生之本。其次，我国的就业形势总体是严峻的。温家宝在2010年达沃斯经济论坛上曾强调，我国劳动力人口接近8亿，是所有发达国家劳动力资源的总和，因此就业压力极大。十八大报告强调，要贯彻劳动者自主就业、市场调节就业、政府促进就业和鼓励创业的方针，实施就业优先战略和更加积极的就业政策。第三，做好以高校毕业生为重点的青年就业工作和农村转移劳动力、城镇困难人员、退役军人就业工作,加强对这些人员的职业技能培训,提升劳动者就业创业能力,增强就业稳定性。第四,面对市场条件下劳动者社会流动加快的新形势,要健全城乡统一的人力资源市场,完善就业服务体系,增强失业保险对促进就业的作用。第五,面对当前企业里逐渐增多的劳资矛盾、劳资纠纷,要健全劳动标准体系和劳动关系协调机制,加强劳动保障监察力度和争议调解仲裁能力,构建和谐劳动关系。

三是要千方百计增加居民收入。十八大报告明确提出,"实现发展成果由人民共享,必须深化收入分配制度改革,努力实现居民收入增长和经济发展同步、劳动报酬增长和劳动生产率提高同步,提高居民收入在国民收入分配中的比重,提高劳动报酬在初次分配中的比重",强调"初次分配和再分配都要兼顾效率和公平,再分配更加注重公平"。同时,十八大报告指出,完善劳动、资本、技术、管理等要素按贡献参与分配的初次分配机制,激发社会的活力。面对居民收入之间的差距,十八大报告提出要加快健全以税收、社会保障、转移支付为主要手段的再分配调节机制。要深化企业和机关事业单位工资制度改革,推行企业工资集体协商制度,保护劳动者的应得收入。政府应带领群众走共同富裕的道路,创造条件让老百姓多渠道增加财产性收入，让更多的人进入中产阶层的行列，这是社会稳定的基础。为了实现收入分配的公平性，政府要"规范收入分配秩序，保护合法收入，增加低收入者收入，调节过高收入，取缔非法收入"。

四是要统筹推进城乡社会保障体系建设。社会保障是保障人民生活、调节社会分配的一项基本制度，是事关人民幸福安康的一项民生工程。十八大报告提出，要顺应群众在社会保障上的新需求，继续推进社会保障事业的发展。第一，全面建成覆盖城乡居民的社会保障体系，整合城乡居民基本养老保险和基本医疗保险制度。第二，改革和完善企业和机关事业单位社会保险制度，逐步落实养老保险个人账户，实现基础养老金全国统筹，建立兼顾各类人员的社会保障待遇确定机制和正常调整机制。第三，扩大社会保障基金筹资渠道，建立社会保险基金投资运营制度，确保基金安全和保值增值。第四，完善社会救助体系，健全社会福利制度，支持发展慈善事业，做好优抚安置工作。第五，建立市场配置和政府保障相结合的住房制度，加强保障性住房建设和管理，满足困难家庭基本需求。第六，坚持男女平等基本国策，保障妇女儿童合法权益。第七，积极应对人口老龄化挑战，大力发展老龄服务事业和产业。

五是要提高人民健康水平。第一，当前要坚持以预防为主、以农村为重点、中西医并重，按照保基本、强基层、建机制的要求，重点推进医疗保障、医疗服务、公共卫生、药品供应、监管体制综合改革，完善国民健康政策，为群众提供安全有效方便价廉的公共卫生和基本医疗服务。第二，健全全民医保体系，建立重特大疾病保障和救助机制，完善突发公共卫生事件应急和重大疾病防控机制。第三，针对医疗资源不足的问题，坚持公共医疗公益性，强化政府责任和投入，进一步健全农村三级医疗卫生服务网络和城市社区卫生服务体系，深化公立医院改革，同时，解放思想，鼓励社会办医，缓解我国医疗资源不足的问题。第四，提高医疗卫生队伍服务能力，加强医德医风建设，切实为民做好医疗服务。第五，改革和完善食品药品安全监管体制机制。第六，开展爱国卫生运动，促进人民身心健康。

二、加强和创新社会管理，提高社会管理科学化水平

构建新型社会管理制度体系，是加强和创新社会管理的关键。当前和今后一个时期，加快构建健全的新型社会管理制度

体系的主要任务,是着力从源头治理、动态协调和应急处置三个层面,构建相互联系、相互支持的一整套规范、机制和制度体系,尽可能减少社会问题,及时化解社会矛盾,果断处置社会冲突与社会对抗,最大限度地激发社会创造活力,最大限度地增加和谐因素和减少不和谐因素,最大限度地化消极因素为积极因素。

(一)要加强源头治理体系建设

源头治理是治本之举。加强源头治理,从根本上讲,就是要在党的领导下,坚持发展是第一要务,坚持用发展的办法解决前进中的问题。从社会管理本身讲,就是要构建源头治理体系,使关口前移,尽可能防止、减少、弱化严重社会问题和社会冲突的产生。

一是要健全社会规范体系。社会规范体系是通过制定法律和道德规范等确定的共同行为准则来指导和约束人们行为、维护社会秩序的。社会规范体系不健全,或不遵守共同行为准则,是产生社会矛盾、引发社会冲突、危害正常的社会生活的重要根源。要在各个领域加快建立和完善行为规范体系,通过自律、互律、他律,把人们的行为尽可能地纳入共同行为准则的轨道,形成既要维护社会公共权益、又要尊重个人合法权益，既有统一意志、又有个人心情舒畅的社会环境。要加快公民个人基本信息制度、个人信用管理制度等社会基础制度建设，对违反社会共同行为准则的，要有相应的惩戒制度。

二是要着力保障和改善民生。完善群众基本利益保障机制，解决好民生问题，是社会管理源头治理的根本。各级政府要切实履行好保障和改善民生的职能，把促进基本公共服务均等化作为社会管理源头治理的重要基础：最大限度地实现高质量就业；坚持优先发展教育，更加重视教育公平，满足群众多样化的教育需求；坚持公共医疗卫生的公益性质，健全覆盖全国城乡的基本医疗卫生制度，逐步实现人人享有基本医疗卫生服务；加大保障性住房建设和农村危房改造力度，有效解决城乡低收入家庭和各类棚户区家庭的住房困难；加快完善社会保险制度，进一步完善城镇居民养老、医疗、失业、工伤、生育保险制度，健全农村社会保险的各项制度，扩大社会保险覆盖面，提高社会保障水平；建立健全社会救助体系，充分发挥慈善事业在社会管理中的作用。

三是要维护社会公平正义。在一些领域和方面存在的不公平不公正问题，是引发一些社会不和谐甚至严重社会问题的重要原因，也会直接挫伤一部分群众的积极性。因此维护公平正义是维系社会秩序和活力的基本条件，是社会主义和谐社会的内在要求。各级职能部门应发展社会主义民主政治，从各个层次、各个领域扩大公民有序政治参与；建立健全权利平等、机会平等、规则平等的法律制度，尊重公民的合法权利；建设公平高效权威的司法制度，秉公执法，廉洁执法；探索建立社会保护体系，完善保障就业权、健康权、教育权、居住权等公民基本权利的社会政策，确立平等保护与特殊保护相结合的制度，对权益易受侵害的群体和个人给予一定的倾斜保护；确立规则公平，机会公平，实行最低保障、最低限度保护，并在发展的基础上逐步实现实质平等。

四是要完善政府决策机制。政府科学决策是体现人民当家做主、增进公民政治参与、强化社会管理源头治理的重要环节。各级政府要不断完善重大事项调查研究和集体决策制度，重大政策专家咨询制度、公示制度、公开征求意见制度，进一步健全民主决策程序。对事关群众切身利益的重大决策，要建立社会风险评估机制。重大政策制定、重大项目审批、重大工程立项、重大举措出台前，都要采取公示、听证等方式广泛听取意见，充分考虑可能出现的社会风险、环境影响、矛盾纠纷及各类不稳定因素，对大多数群众不理解不支持的事项延缓出台或不出台，确保决策的合法性、合理性、可行性和安全性。

五是要深化体制机制改革。党和政府要继续深化重点领域改革。积极稳妥地推进户籍管理制度改革，落实放宽中小城市、小城镇特别是县城和中心镇落户条件的政策，逐步建立城乡统一的户口登记管理制度，加强和改进流动人口的服务管理，积极探索流动人口管理新办法。围绕推进基本公共服务均等化和主体功能区建设，完善公共财政体系，实现各级政府事权和财权相统一，加大各级财政对基本公共服务的投入，重点对农村和中西部地区进行倾斜，使城乡居民都能够享受到均等的基本公共服务。同时，深化收入分配制度改革，初次分配和再分配都要处理好效率与公平的关系，再分配更加注重公平，逐步提高居民收入在国民收入分配中的比重，提高劳动报酬在初次分配中的比重，着力提高低收入者的收入，逐步提高扶贫标准和最低工资标准，建立企业职工工资正常增长机制和支付保障机制，进一步完善对高收入人群税收调节制度，扭转收入差距扩大趋势。

六是要强化思想道德建设。要切实把社会主义核心价值体系融入国民教育和精神文明建设的全过程，使之转化为全国人民的自觉追求。推进和谐文化，加强社会公德、职业道德、家庭美德、个人品德建设，引导人们自觉履行法定义务、社会责任、家庭责任，努力形成讲秩序、强责任、守诚信、重包容的文明风尚。深入开展群众性精神文明创建活动，完善社会志愿服务体系，形成男女平等、尊老爱幼、互爱互助、见义勇为的社会风尚。

七是要加强社会心理服务工作。当前社会竞争压力加大，个人心理健康已经成为社会管理中亟待引起重视的新问题。要教育引导公民特别是青少年，树立正确的世界观、人生观、价值观，加强自身修养，提高自我和谐能力。在全社会开展个人心理健康知识的宣传，普及相关知识。建立健全个人心理医疗服务体系，大力开展个人心理调节疏导工作，建立心理危机干预预警机制。对因生活和工作等受到挫折而缺乏信仰、法治观念淡薄、对生活失去希望的人要给予更多关注，针对不同情况开展疏导、帮助、教育，使其重振生活信心，避免走向极端。

八是要加强信息化建设。运用现代的信息手段进行社会服务和管理，这就是管理手段的现代化问题。当前我国已经进入信息化社会，需要好好利用信息化管理手段，及时跟踪舆情动态、研判舆情走势、评估舆情影响，正面地运用网络，正面地引导社会，利用互联网做好服务和管理。

（二）要强化动态协调机制建设

社会矛盾是不可能被完全消灭的。源头治理抓好了可以尽可能地减少社会问题，但不可能解决所有问题，为此，必须构建动态调节和化解机制，以使社会矛盾和问题不断得到及时化解并向好的方面转化，尽最大可能不让矛盾激化，使社会处于动态平衡、动态优化、井然有序、健康运行的状态。

一是要建立和完善诉求表达机制。建立方式多样、规范有序、畅通高效的诉求表达渠道，是及时解决社会问题和社会矛盾、提高社会动态平衡能力的重要条件。要完善政务公开制度、民主决策制度，提高公众参与程度。加强和改进信访制度，用群众工作统揽信访工作，把来访群众当家人，把群众来信当家书，把群众反映的问题当家事，让群众话有处说、冤有处诉、问题有处反映。教育和引导群众依法有序理性表达诉求。

二是要建立和完善矛盾排查和预警机制。这是有效预防社会问题、社会矛盾积累和激化、促进社会运行动态优化的重要措施。各级政府要针对所在地区社会管理中的热点、重点和难点问题，进行经常性的分析排查，建立矛盾纠纷滚动排查机制。加强对重点地区、重点工程、特殊群体、敏感时期的监控和排查，建立矛盾纠纷情报信息预警机制。对排查出来的问题，要按照"见微知著、抢得先机、争取主动、防止激化"的要求，及时予以解决。

三是要建立和完善社会矛盾调解机制。社会矛盾调解是当前有效解决社会问题的主要方式。要构建和完善人民调解、行政调解、司法调解相互衔接的大调解工作机制。夯实人民调解基础，建立健全区（县）、街道（乡镇）、社区（村）与楼门院（小组）四级纵向调解网络。建立健全由各级政府负总责、政府法制部门牵头、各职能部门为主体的行政调解工作新机制，认真办理行政复议、行政调解案件。完善司法调解格局，把调解优先的原则贯穿到执法办案工作中去。充分挖掘民间资源，充分利用乡规民约，充分动员各种社会力量参与化解调处矛盾纠纷。通过"大调解"，形成社会管理合力，及时有效地把矛盾化解在基层，实现案结、事了、人和。要善于运用教育、对话、协商、谈判等方式解决不同利益主体之间的利益冲突，建立有效的利益协调机制。

四是要建立和完善社会治安防控体系。社会治安防控体系是维护社会秩序、保障社会健康运行的重要支撑。在防控主体上，要充分发挥公安机关警务力量的主导作用，同时要发挥保安和志愿者的作用；在防控范围上，要建立健全街区防控网、社区防控网、单位内部防控网、视频防控网、虚拟社会防控网组成的治安防控体系，做到社会全覆盖；在防控对象上，要特别加强对重点人群的管理与服务；在防控组织建设上，要加强群防群治组织、110系统以及区域警务协作建设；在防控手段上，要充分利用现代科技手段，实现人防、物防与技防的有效结合。

（三）要推进应急管理体制建设

当前我国正处于工业化、城镇化快速发展时期，即便抓好源头治理和动态协调，仍然会发生一些突发事件，加上自然灾害引发的突发事件，应急管理任务十分艰巨，需要构建应急管理体制。要推进应急管理体制建设，首先要做到以下四点：

一是要完善应急管理领导体制。按照"统一领导、综合协调、分类管理、分级负责、属地管理为主"的要求，建立健全各级各类应急管理机构，明确职责权限，理顺工作关系，完善工作制度，保证经费投入，配强领导班子。

二是要加强应急管理机制建设。健全完善突发事件监测预警机制、信息报告和信息共享机制、风险评估和事故调查机制、应急处置救援机制、社会动员和参与机制，以及信息发布和舆论引导机制、国际合作机制、恢复重建机制。

三是要加强应急管理法律和预案体系建设。进一步完善有关法律法规，抓紧制定各项配套制度和工作细则。进一步完善应急预案体系，提高预案的针对性和有效性。加强预案演练，确保预案规定内容落到实处，提高预案管理水平。

四是要加强全民风险防范和应急处置能力建设。依法落实风险和突发事件隐患排查监控责任，实现对各类风险隐患治理的制度化、规范化、常态化。加强应急知识和相关法规的全民宣传教育，将公共安全纳入国民教育体系。利用各种新闻媒体介绍普及应急知识，提高各级干部对突发事件的应对处置能力，提高全社会防灾救灾和应对危机的能力。

三、要改进与完善社会管理工作格局和方式

完善社会管理格局，改进社会管理方式，既是加强和创新社会管理的重要内容，又是落实社会管理任务的基本保障。要按照"党委领导、政府负责、社会协同、公众参与"的要求，进一步完善社会管理的工作格局，调动一切有利于社会和谐的积极因素，形成共建和谐社会的生动局面。

党委领导，就是要发挥党委在社会管理格局中总揽全局、

协同各方的领导核心作用。要把领导社会管理工作放在党委工作突出重要的位置上，像经常分析经济形势那样，经常分析社会形势，正确把握社会管理的大政方针。支持政府依法行政和依法管理，引导各种社会组织、群众组织、自治组织和人民群众积极有序参与社会管理，充分发挥基层党组织和共产党员在社会管理中的作用。要合理配置党政部门社会管理的职责权限，切实解决因多头管理、分散管理而难以形成有效合力的问题。

政府负责，就是要强化政府的社会管理职能，做到职能到位、工作到位、责任到位。要转变政府职能，就要更加重视社会管理，通过制定法律法规、完善社会政策、健全社会管理体系、培育和管好社会组织、畅通公民参与渠道等方式，切实发挥好政府在社会管理中的主导作用。建立和完善社会管理的考核机制，研究制定科学的社会管理考核指标体系，把考核结果作为干部奖惩和使用的重要依据。

社会协同，就是要发挥各类社会组织的作用，整合社会管理资源，积极推动建立政府调控机制同社会协同机制互联、政府行政功能同社会自治功能互补、政府管理力量与社会调解力量互动的社会协同管理网络。为达到社会协同，政府、各社会组织一要加强以城乡社区为重点的基层基础建设，增强基层组织社会管理的能力；二要发挥社会组织的作用，支持工会、共青团、妇联等人民团体依照法律和各自章程开展工作，参与社会管理和公共服务，维护群众合法权益；三要强化各类企事业单位社会管理的责任，维护好集体利益和职工个人权益，保持社会稳定。

公民参与，就是要充分发挥人民国家人民管理的作用，引导公民依法理性有序参与社会管理。要培养公民意识，履行公民义务。积极开展志愿服务活动，健全社会志愿服务长效机制。探索公民参与社会管理的机制和途径，为公民参与创造条件，形成社会管理人人参与、人人共享的良好局面。

第五节　生态文明建设

十八大报告指出：建设生态文明，是关系人民福祉、关乎民族未来的长远大计。面对资源约束趋紧、环境污染严重、生态系统退化的严峻形势，我们必须树立尊重自然、顺应自然、保护自然的生态文明理念，把生态文明建设放在突出地位，融入经济建设、政治建设、文化建设、社会建设各方面和全过程,努力建设美丽中国,实现中华民族永续发展。

一、生态文明建设提出的背景

本世纪前20年是我国必须紧紧抓住并且可以大有作为的重要战略机遇期,同时我国也面临着严峻的资源环境形势和巨大的国际竞争压力。

一是资源约束矛盾日益突出。从资源禀赋看,我国是总量上的大国,人均上的贫国。人均淡水资源占有量仅为世界平均水平的1/4,人均耕地占有量不到世界平均水平的40%,石油、天然气人均占有储量为世界平均水平的11%和4.5%,铁矿石、铜和铝土矿储量分别为世界平均水平的1/6、1/6和1/9,45种矿产资源的人均占有量不到世界平均水平的一半。资源日益减少与人口不断增长之间的矛盾将长期存在。目前我国正处在工业化和城镇化加快发展的阶段。国际经验表明,重化工业的能源消耗是轻工业的4倍,这是一个资源消耗强度加大的阶段,同时也加剧了资源短缺的矛盾。近两年我国承接发达国家产业转移,又加大了国内资源的供给压力。另外,我国正处于城市化加快的发展阶段,城市化进程也增加了能源资源的消耗。

二是环境形势日益严峻。当前，我国生态环境总体恶化的趋势尚未得到根本扭转，环境污染日益严重。水环境每况愈下，大气环境不容乐观，固体废物污染日益突出，城市生活垃圾无害化处理率低，二次污染严重。农村畜禽粪便、水产养殖污染，以及农药、化肥的不合理使用，使农村环境问题日益严重，直接威胁到农产品质量安全。随之而来的，是生态环境恶化，水土流失严重，森林生态系统质量下降，生物多样性锐减，生态安全受到严重影响。我们国家有很多大江大河，在20世纪70年代还可以淘米洗菜，而现在已经是鱼虾绝代了。

三是提高国际竞争力面临更大压力。随着我国加入WTO过渡期的结束，国际间的竞争将更加激烈。目前，我国在出口贸易产品结构中，初级产品和原材料仍占较高比例，处于国际贸易分工的下端。资源消耗高、浪费大、利用率低是产品成本高的一个重要原因，已经成为影响我国企业和产业竞争力的一个重要因素，同时也制约着经济增长质量和效益的提高。在经济全球化过程中，关税壁垒作用日渐削弱，但包括产品能效和环境标准、标识、废弃物回收、包装等"绿色壁垒"在内的非关税壁垒日益凸显，对我国发展对外贸易特别是扩大出口产生了日益严重的影响。

实践证明，传统的高投入、高消耗、高排放、低效率的增长方式已经走到了尽头，如不加快转变经济增长方式，资源难以为继，环境难以承受。发展循环经济、建设资源节约型和环境友好型社会，走新型工业化道路，是实现经济增长方式根本性转变，是从根本上缓解资源约束矛盾，减轻环境压力，增强国民经济的整体素质和竞争力，实现全面建设小康社会目标的必然选择。

二、建设生态文明必须转变经济发展方式和消费方式

改革开放30多年来，特别是中央提出加快推进两个根本性转变以来，我国在推动资源节约和综合利用，总结、探索发展循环经济模式方面取得了积极成效。在党中央提出的"资源开发与节约并重，把节约放在首位"方针的指导下，节能降耗取得了明显成效，实现了能源增长翻一番支撑国民经济翻两番的目标。在优惠政策的扶持和引导下，我国资源综合利用规模不断扩大，技术水平不断提高，取得了较好的经济和社会效益。近年来，在借鉴国外发展循环经济成功经验和总结国内开展资源节约与综合利用取得成效的基础上，有关部门和地区开展了

循环经济示范试点，探索推动循环经济发展的不同模式，为加快发展循环经济、建设资源节约型和环境友好型社会积累了经验。

当前我国在推进循环经济发展、建设资源节约型和环境友好型社会方面还存在一些实际困难和障碍。一是节约优先的方针未能很好落实，节约优先没有很好体现到发展规划、城市建设和各项工作中去；二是法律法规不健全，标准不完善，可操作性差；三是尚未建立促进资源节约的长效机制，资源性产品价格不合理，支持和鼓励节约降耗的财税体制不完善，融资渠道不畅，国有企业改革和政府管理体制改革不彻底，难以形成促进节约的有效激励；四是缺乏技术支撑，开发大幅度提高资源利用率的共性和关键技术的能力不强，生产工艺技术和装备水平还不能适应大幅度提高资源利用率的需要；五是全民节约意识不强，发展思路不对头、消费心理扭曲、消费方式不合理造成了资源的极大浪费，成为建设资源节约型和环境友好型社会的最大障碍。

发展循环经济、建设资源节约型和环境友好型社会，必须树立和落实以人为本、全面协调可持续的科学发展观，紧紧围绕实现经济增长方式的根本性转变，以提高资源利用效率为核心，以调整经济结构为主线，以制度创新和技术创新为动力，强化节约意识，加强法制建设，完善政策措施，建立长效机制，以资源的高效利用促进经济社会可持续发展与和谐社会建设。为此，全社会要着力构建节约型的经济增长方式、节约型的产业结构、节约型的城镇化模式、节约型的农业生产体系、节约型的消费方式，树立节约型的思想观念。

构建节约型的增长方式。在需求结构上，要实现由主要依靠投资和出口拉动增长向消费和投资双轮驱动、内需和外需共同拉动转变；在产业结构上，要由主要依靠工业带动经济增长向工业、服务业和农业共同带动经济增长转变；在生产要素投入上，要由主要依靠资金和自然资源支撑增长向更多地依靠人力资本和技术进步支撑转变；在资源利用方式上，要实现由"资源—产品—废弃物"的单向式直线过程向"资源—产品—废弃物—再生资源"的反馈式循环过程转变，使经济增长建立在经济结构优化、科技含量提高、国民素质增强、质量效益提高的基础上，逐步形成"低投入、高产出、低消耗、少排放、能循环、可持续"的经济增长方式。当前要全面推进能源、原材料、水、土地等资源的节约。

构建节约型的产业结构。要大力发展第三产业，提高其在国民经济中的比重；大力发展高新技术产业，特别是要加快发展并做大做强信息产业，加速信息化进程；加快用高新技术和先进适用技术改造传统产业，实现传统产业升级；大力振兴装备制造业，提高核心竞争力；加快淘汰落后工艺、技术和设备；推进企业重组，提高产业集中度和规模效益；调整能源消费结构，提高优质能源的比重。开发区建设要充分考虑节约用地，实行最严格的耕地保护政策。根据资源条件和环境容量确定不同区域的发展方向、功能定位，促进区域产业合理布局。加强重点行业能源、水、原材料消耗的管理，严格执行设计规范；加强节能、节水技术改造，加强废渣、废水、废气综合利用管理，提高资源综合利用率。

构建节约型的城镇化模式。城镇化发展必须充分考虑自然资源条件和环境承载能力，合理利用土地、水、能源等重要资源。严格控制建设用地，积极保护耕地，提高单位住宅面积密度，改进建筑结构，增加可使用空间，充分利用地下空间，合理配置居住区绿化用地，土地使用功能适当混合。合理规划城市交通运输体系，优先发展公共交通，建立城市立体交通系统。大力发展节能建筑，推广应用新型建筑材料，推进建筑废物综合利用；新建建筑实行装修一次到位，禁止二次装修。发展城市集中供热，有条件的要发展分布式供热；城市规划要充分考虑水资源开采与补给的平衡以及供水与排水系统对节水的有效性；住宅小区建设要配套雨水、生活废水收集与处理回用设施，加快再生水利用，推行分质供水。建立规范的再生资源回收体系，因地制宜实施垃圾资源化利用。

构建节约型的农业生产体系。大力发展集约化农业和生态农业，调整农业生产布局和产品结构，不断提高农业产业化和精准化水平，节约使用土、肥、水、电、种、药等投入要素。继续推广节水灌溉技术和节能型农业机械，提高资源能源的产出效率；推广使用高效安全生物农药，从源头上消除餐桌污染；推广农产品深加工技术，提高利用效率和附加值；积极推进秸秆、牲畜粪便等农业废物综合利用，搞好垃圾、污水处理，改善农村生存环境；大力发展沼气工程并使之成为农村的补充和替代能源。

构建节约型的消费方式。倡导绿色消费，引导合理消费，反对盲目消费、过度消费和奢侈消费。住房、汽车等新的消费热点在拉动消费结构升级中发挥着重要作用，要鼓励购买低油耗、低排量的节能环保型汽车和节能省地型住宅。鼓励消费者购买节能、节水产品和再生利用产品。禁止过度包装，尽可能不使用一次性产品。

三、推进资源节约型和环境友好型社会建设

全社会上下应将节约资源作为基本国策，并将长期坚持和实施节约优先的方针。这就要求我们必须从战略和全局的高度充分认识节约资源对实现全面建设小康社会目标的重大意义，明确将"节约资源"与"控制人口、保护环境"并列为基本国策，将加快建设节约型社会作为国民经济和社会发展"十一五"规划的重要任务之一，把节约资源作为编制各类专项规划、区域规划和城市发展规划的重要指导原则，把节约能源和资源作为结构调整的重要目标和深化税收、财政、投资、金融等改革的重要内容。

加快法制建设，加强执法监督，抓紧制定和修订促进资源有效利用的法律法规，解决无法可依和法律不完善的问题。加快《循环经济促进法》的立法进程，健全节水、资源综合利用、建筑节能、节约石油以及包装物回收利用等方面的法律和法规，抓紧修订《节约能源法》。建立执法责任制，保证现有法规的有效贯彻实施。要加快国家标准制度体系的建设，制定和完善各类产业标准、行业标准和产品标准，依法建立严格的

监管制度，加大执法监督检查的力度。对重要矿产资源开发，实行严格的开发准入条件；对高消耗、高污染行业的新建项目，要从能源、水资源消耗以及土地、环保方面实行更为严格的产业准入标准。加快制定工业耗能设备、机动车、家用电器、照明器具等强制性、超前性的能效标准，修订和完善主要耗能行业节能的设计规范，提高建筑的节能标准。完善重点用水行业取水的定额标准。建立和完善高耗能的落后工艺、技术和设备的强制淘汰制度，重点耗能产品的市场准入制度，新建建筑的准入制度，生产者的责任延伸制度等。

完善促进资源节约的政策体系。加快完善自然资源的价格形成机制，逐步理顺资源性产品与最终产品的比价关系。积极调整水、热、电、天然气等的价格政策，促进资源的合理开发、节约使用、高效利用和有效保护。充分运用价格机制调控土地资源，提高土地的使用效率。制定支持循环经济发展和节约型社会建设的财税和收费政策。加快研究制定鼓励使用节能节水减免税产品的优惠政策和鼓励发展节能车型与加快淘汰高油耗车辆的财政税收政策；继续完善资源综合利用的税收优惠政策；调整完善资源性产品进出口的税收政策。公共财政要加大对政府资源节约管理和政府机构节能改造的支持力度。研究建立再生资源回收处理收费制度。完善矿产资源补偿费制度。建立和完善企业生态恢复、破坏修复责任制度。对一些节约资源、发展循环经济的重大工程项目和技术开发、产业化示范项目，政府给予直接投资或资金补助、贷款贴息等支持，发挥政府投资对社会投资的引导作用。

加快技术创新，突破技术瓶颈。组织开发有重大推广意义的共性和关键技术，包括减量技术、替代技术、再利用技术、资源化技术、系统优化技术、延长产业链和相关产业链接技术、"零"排放技术以及降低再利用成本的技术等，努力突破发展循环经济的技术瓶颈。坚持引进技术与消化、吸收、创新相结合，提高自主创新能力。同时加强工程应用科技的开发，将其纳入科技中长期发展规划和产业化发展规划。

促进机制创新，发挥市场的引导作用。建立信息发布制度，利用现代信息传播技术，及时发布国内外各类资源节约信息，引导企业挖潜改造。实施能效标识管理，引导用户和消费者购买节能型产品，促进企业加快高效节能产品的研发。推行合同能源管理，为企业实施节能改造提供诊断、设计、融资、改造、运行、管理一条龙服务。同时，建立节能投资担保机制，为合同能源管理提供担保，促进节能技术服务体系的发展。推行节能自愿协议,即耗能用户或行业协会与政府签订节能自愿协议。

此外,全社会上下还要广泛开展国情教育,增强全社会尤其是各级领导干部和中小学生的资源忧患意识与节约资源、保护环境的责任意识。

第四章 中国特色社会主义的总依据

依据马克思主义哲学，社会存在决定社会意识，经济基础决定上层建筑。之所以要坚持走中国特色社会主义道路，总依据是我国还处在社会主义初级阶段的现实国情。因此社会主义革命初级阶段是我国制定所有路线、方针、政策的出发点，也是理论发展创新的基础。

第一节 社会主义初级阶段理论的内涵

社会主义初级阶段，不是所有的社会主义国家都要经历这样一个阶段，而是政治经济文化落后的国家在资本主义不发达的条件下进入社会主义后不可避免的特定历史阶段。这样的阶段具有特殊性，不具有普遍性。

从中国国情来看，由于资本主义在中国走不通，中国没有经历过资本主义生产力高速发展的阶段，所以中国是跨越了资本主义的"卡夫丁峡谷",直接走上了社会主义道路。因此在各个方面,中国不可避免地遗留了半殖民地半封建社会的痕迹。其中最突出的是:社会生产力远远落后于发达资本主义国家,民主法制不健全,文化、教育、科技也很落后。经济政治文化落后的基本国情,决定了我国进入社会主义社会后,还必须经历一个很长的初级阶段,去实现别的国家在资本主义条件下实现的现代化。这个初级阶段,就是我国从进入社会主义到基本实现现代化的历史阶段,至少需要上百年的时间。

具体说,社会主义初级阶段包括两层含义:

第一,我国的社会形态已经是社会主义社会,必须坚持而不能离开社会主义。这指明了我国的社会性质,既不是资本主义社会,也不是社会主义和资本主义谁战胜谁的问题还没有解决的过渡社会,而是社会主义社会。这就决定了我国的建设和改革,必须坚持而不能离开社会主义的方向,大方向不能错。任何退回去搞"全盘西化""补资本主义的课"的思想和行动,都是偏离了社会主义的方向,与我国的社会性质是不相容的。

第二,我国的社会主义还处在初级阶段,必须从这一阶段出发,不能超越这一阶段。这指明了我国社会主义所处的历史发展阶段。这一阶段的社会主义是不发达、不完善、不成熟的社会主义社会。这是一个不可逾越的阶段,至少需要一百年。

我国从50年代生产资料私有制的社会主义改造基本完成,到社会主义现代化的基本实现,至少需要上百年时间,这期间都属于社会主义初级阶段。

第二节 社会主义初级阶段的基本特征

党的十五大从九个方面全面地对社会主义初级阶段的特征做出全面的概括。

1. 现代化发展的水平上:逐步摆脱不发达状态,基本实现社会主义现代化的历史阶段。

2. 产业结构状况上:由农业人口占很大比重、主要依靠手工劳动的农业国,逐步转变为非农业人口占多数、包含现代农业和现代服务业的工业化国家的历史阶段。

3. 经济运行方式上:由自然经济半自然经济占很大比重,逐步转变为经济市场化程度较高的历史阶段。

4. 文化教育发展水平上:由文盲半文盲人口占很大比重、科技教育文化落后,逐步转变为科技教育文化比较发达的历史阶段。

5. 人民富裕程度上：由贫困人口占很大比重、人民生活水平比较低，逐步转变为全体人民比较富裕的历史阶段。

6. 地区发展状况上：由地区经济文化很不平衡，通过有先有后的发展，逐步缩小差距的历史阶段。

7. 体制改革上：通过改革和探索，建立和完善比较成熟的充满活力的社会主义市场经济体制、社会主义民主政治体制和其他方面体制的历史阶段。

8. 精神文明建设上：广大人民牢固树立建设有中国特色社会主义共同理想，自强不息，锐意进取，艰苦奋斗，勤俭建国，在建设物质文明的同时努力建设精神文明的历史阶段。

9. 国际比较上：逐步缩小同世界先进水平的差距，在社会主义基础上实现中华民族伟大复兴的历史阶段。

第三节　深化对初级阶段基本国情的认识

在1978年党的十一届三中全会上，中国共产党客观分析了我国社会的主要矛盾是人民日益增长的物质文化需求同落后的社会生产之间的矛盾，从而将党的工作重心转移到"以经济建设为中心"上来；在1987年党的十三大报告中，党完整提出了在社会主义初级阶段的基本路线："领导和团结全国各族人民，以经济建设为中心，坚持四项基本原则，坚持改革开放，自力更生，艰苦创业，为把我国建设成为富强民主文明的社会主义现代化国家而奋斗。"

2012年党的十八大报告继续强调指出："我国仍处于并将长期处于社会主义初级阶段的基本国情没有变，人民日益增长的物质文化需要同落后的社会生产之间的矛盾这一社会主要矛盾没有变，我国是世界最大发展中国家的国际地位没有变。"我们可以从四个方面来理解这段话：

首先，我国仍处于并将长期处于社会主义初级阶段的基本国情没有变。"长期处于社会主义初级阶段"具有九个方面的阶段特征：一是逐步摆脱不发达状态，基本实现社会主义现代化的阶段；二是由农业人口占很大比重、主要依靠手工劳动的农业国，逐步转变为非农业人口占多数、包含现代农业和现代服务业的工业化国家的历史阶段；三是由自然经济、半自然经济占很大比重，逐步转变为经济市场化程度较高的阶段；四是由文盲、半文盲人口占很大比重、科技教育文化落后，逐步转变为科技教育文化比较发达的历史阶段；五是由贫困人口占很大比重、人民生活水平比较低，逐步转变为全体人民比较富裕的历史阶段；六是由地区经济文化很不平衡，通过有先有后的发展，逐步缩小历史差距的历史阶段；七是通过改革和探索，建立和完善比较成熟的充满活力的社会主义市场经济体制、社会主义民主政治体制和其他方面体制的历史阶段；八是广大人民牢固树立坚持中国特色社会主义的共同理想，自强不息，锐意进取，艰苦奋斗，勤俭建国，在建设物质文明的同时努力建设精神文明的历史阶段；九是逐步缩小同世界先进水平差距，在社会主义基础上实现中华民族伟大复兴的历史阶段。

其次，人民日益增长的物质文化需要同落后的社会生产之间的矛盾这一社会主要矛盾没有变。新中国成立后，从1952年到1978年，我国GDP年均增长6.15%；1978年到2011年，我国GDP年均增长9.89%；2011年中国经济总量达到了47.3万亿元，排名世界第二。从1952年到2011年整个社会主义建设的59年间，我国GDP年均增长8.22%。取得这样的经济增长非常不易。然而，如此高的增长，也让我们付出了沉重的代价，那就是粗放型的经济增长方式带来的高能耗、高物耗、高污染。与此同时，经济的高速增长并没有充分地反映到人民群众收入的增长和生活水平的提高上。面对收入差距扩大和人民群众期待更加美好生活的愿望，我国还要靠加快发展、靠改革开放来解决社会的主要矛盾。

第三，我国是世界最大发展中国家的国际地位没有变。通过30多年的迅猛发展，2010年中国超过了日本，成为了世界第二大经济体，2011年占世界经济的份额达到10%左右，对世界经济增长的贡献率超过20%。然而，对于拥有13亿多人口、地区差距巨大的中国而言，尽管2012年人均GDP达到了6100美元，但距离世界银行提出的高收入国家12000美元的最低标准尚差近一半的水平，仅仅是美国人均GDP的11%、日本的12%，甚至是巴西和俄罗斯的42%。

按国务院发展研究中心研究员韩俊在《世界与我国食物及粮食安全状况》一文中的研究，"中国尚有1亿左右的人口营养不良"；按世界银行《从贫困地区到贫困人群：中国扶贫历程的演进》的数据显示，"中国仍然有2.54亿人口每天的花费少于国际最新贫困线"；按温家宝2009年哥本哈根会议上的演讲，"中国还有1.5亿贫困人口"。可以说，中国确实还是一个发展中国家，所以每一个中国人必须保持清醒的头脑。

第四，我国经济社会发展的总态势和基本面没有变。关于这一点，党的十七大报告曾做了完整总结，集中体现在以下八个方面：一是经济实力显著增强，同时生产力水平总体上还不高，自主创新能力还不强，长期形成的结构性矛盾和粗放型发展方式还没有根本转变；二是社会主义市场经济体制初步建立，同时影响发展体制机制的障碍依然存在，改革攻坚面临深层次矛盾和问题；三是人民生活水平总体上达到小康水平，同时收入分配差距拉大趋势还未根本扭转，城乡贫困人口和低收入人口数量还相当大，统筹兼顾各方面利益的难度很大；四是协调发展取得显著成绩，同时农业基础薄弱、农村发展滞后的局面尚未改变，缩小城乡、区域发展差距和促进经济社会协调发展任务艰巨；五是社会主义民主政治不断发展，依法治国基本方略扎实贯彻，同时民主法治建设与扩大人民民主和经济社会发展要求还不完全适应，政治体制改革需要继续深化；六是社会主义文化更加繁荣，同时人民精神文化需求日趋旺盛，人们思想活动的独立性、选择性、多变性、差异性明显增强，对发展社会主义先进文化提出了更高的要求；七是社会活力显著增强，同时社会结构、社会组织形式、社会利益格局发生深刻变化，社会建设和管理面临诸多新课题；八是对外开放程度日益加深，同时面临的国际竞争日趋激烈，发达国家经济科技占优势的压力长期存在，可以预见和难以预见的风险在增多，统筹国内发展和对外开放要求更高。

可以说，中国特色社会主义事业是人类历史上最伟大的事业，要完成这个伟大的事业，需要一个长期的历史过程。社会主义初级阶段的长期性要求我们既要克服习惯势力的影响，同时，还要埋头苦干。邓小平曾说："资本主义发展几百年了，我们干社会主义才多长时间！如果从新中国成立起，用一百年时间把我国建设成中等水平的发达国家，那就很了不起！从现在起到下世纪中叶，将是很要紧的时期，我们要埋头苦干。"

习近平特别强调"牢记初级阶段"，"不仅在经济建设中要始终立足初级阶段，而且在政治建设、文化建设、社会建设、生态文明建设中也要始终牢记初级阶段；不仅在经济总量低时要立足初级阶段，而且在经济总量提高后仍然要牢记初级阶段；不仅在谋划长远发展时要立足初级阶段，而且在日常工作中也要牢记初级阶段"。

第五章 中国特色社会主义事业的总布局

第一节 中国特色社会主义事业总布局的逐步形成

中国特色社会主义事业的总布局,指的是作为整体的中国特色社会主义事业结构的架构方式和格局的战略安排。在党的文献中,"总体布局"这一概念最早见于十二届六中全会通过的《中共中央关于社会主义精神文明建设指导方针的决议》(简称《决议》)。《决议》指出:"我国社会主义现代化建设的总体布局是以经济建设为中心,坚定不移地进行经济体制改革,坚定不移地进行政治体制改革,坚定不移地加强精神文明建设,并且使这几个方面互相配合、互相促进。"但是,中国特色社会主义事业总体布局的形成经历了一个漫长的探索过程,是党在深刻总结社会主义建设历史经验的基础上逐步确立的。

早在1940年，毛泽东就在《新民主主义论》中指出："我们不但要把一个政治上受压迫、经济上受剥削的中国，变为一个政治上自由和经济上繁荣的中国，而且要把一个被旧文化统治因而愚昧落后的中国，变为一个被新文化统治因而文明先进的中国。"新中国成立后，党在社会主义建设实践的基础上，提出要建设现代工业和现代农业，并形成了我国工业布局的思想，后来又提出了实现工业、农业、国防、科学技术四个现代化目标，完成了中国社会主义建设最初的战略部署。改革开放以后，党在探索中形成了关于社会主义建设布局的一系列新认识。1978年12月召开的十一届三中全会确定要把全党工作的重点转移到社会主义现代化建设上来，提出实现农业、工业、国防和科学技术现代化是"当前最伟大的历史任务"。在党的十二大开幕词中，邓小平第一次提出了"建设有中国特色的社会主义"这一命题。这次大会在确定大力推进"两个文明"建设的同时指出："社会主义的物质文明和精神文明建设，都要靠继续发展社会主义民主来保证和支持。建设高度的社会主义民主，是我们的根本目标和根本任务之一。"党的十二届六中全会明确提出社会主义现代化建设总体布局，标志着中国特色社会主义事业"三位一体"的总体布局正式形成。1987年召开的十三大，确立了党在社会主义初级阶段的基本路线，强调我国社会主义初级阶段"是通过改革和探索，建立和发展充满活力的社会主义经济、政治、文化体制的阶段"。江泽民在1991年发表的"七一"讲话在阐述党的基本路线和十三届七中全会提出的十二条原则时指出，"总体来说，就是要通过社会主义制度的自我完善和发展，建设有中国特色社会主义的经济、政治、文化，以适应和促进社会生产力的不断发展和社会的全面进步，实现社会主义现代化"，"有中国特色社会主义的经济、政治、文化，是有机统一、不可分割的整体"。党的十四大提出建立社会主义市场经济体制，在重申现阶段我国社会主要矛盾时强调必须把发展生产力摆在首要位置，以经济建设为中心推动社会全面进步。党的十五大提出社会主义初级阶段的基本纲领，进一步明确了建设中国特色社会主义经济、政治、文化的基本目标和基本政策。党的十六大强调，全面建设小康社会就是要使经济更加发展、民主更加健全、科教更加进步、文化更加繁荣、社会更加和谐、人民生活更加殷实，不断促进社会主义物质文明、政治文明、精神文明协调发展，推动社会全面进步和促进人的全面发展。

党的十六大以来，以胡锦涛为核心的党中央提出深入贯彻落实科学发展观、构建社会主义和谐社会的重大任务，更加明确了社会建设在中国特色社会主义事业总体布局中的战略地位。2005年2月，胡锦涛在省部级主要领导干部提高构建社会主义和谐社会能力专题研讨班上，第一次提出中国特色社会主义事业总体布局的完整概念，"随着我国经济社会的不断发展，中国特色社会主义事业的总体布局，更加明确地由社会主义经济建设、政治建设、文化建设三位一体发展为社会主义经济建设、政治建设、文化建设、社会建设四位一体"。党的十七大通过的新党章在阐述社会主义初级阶段基本国情和现阶段奋斗目标时，郑重地增加了"必须按照中国特色社会主义事业总体布局，全面推进经济建设、政治建设、文化建设、社会建设"的新内容，从而在执政党章程中明确了"四位一体"的中国特色社会主义事业的总体布局。同时，党的十七大还首次提出建设生态文明，并将其作为实现全面小康社会奋斗目标的新要求，"建设生态文明，基本形成节约能源资源和保护生态环境的产业结构、增长方式、消费模式。循环经济形成较大规模，可再生能源比重显著上升,主要污染物排放得到有效控制,生态环境质量明显改善,生态文明观念在全社会牢固树立"。"生态文明建设"的提出,表明党对中国特色社会主义总体布局的认识更加深化。2008年9月,在全党深入学习实践科学发展观活动动员大会暨省部级主要领导干部专题研讨班上的讲话中,胡锦涛在阐述全党开展深入学习实践科学发展观活动的重大意义时明确指出:"适应新形势,完成新任务,实现新发展,要求我们必须深化用中国特色社会主义理论体系武装全党工作,把深入学习实践科学发展观摆在突出位置,把党的政治优势和组织优势转化为推动经济社会又好又快发展的强大力量,为全面推进社会主义经济建设、政治建设、文化建设、社会建设以及生态文明建设,为全面推进党的建设新的伟大工程,为实现全面建设小康社会的宏伟目标,进一步奠定重要的思想基础、政治基础、组织基础。"这标志着经济建设、政治建设、文化建设、社会建设、生态建设"五位一体"的中国特色社会主义总体布局初步形成。2009年9月,《中共中央关于进一步加强和改进党的建设若干重大问题的决定》郑重指出:"我国经济建设、政治建设、文化建设、社会建设和生态文明建设全面推进,工业化、信息化、城镇化、市场化、国际化深入发展，我国正处在进一步发展的重要战略机遇期，在新的历史起点上向前迈进。"

从以政治为中心到以经济建设为中心，再从物质文明和精神文明"两手抓、两手都要硬"，到物质文明、政治文明和精神文明"三个文明协调发展"，再到经济建设、政治建设、文化建设和社会建设"四位一体"，最后完善到经济建设、政治建设、文化建设、社会建设和生态建设"五位一体"的演进过程，这并不是中国特色社会主义事业总体布局构成要素的简单相加，而是党对社会主义现代化建设战略任务和方针政策的逐步认识，对共产党执政规律、社会主义建设规律和人类社会发展规律的认识的逐步深化。每一次深化都适应了实践进展的需要，体现了中国共产党与时俱进的理论自觉和不断创新的时代精神。

第二节　中国特色社会主义事业总布局的辩证关系

按照"五位一体"的总体布局，全面推进中国特色社会主义事业，要正确认识和把握中国特色社会主义的经济建设、政治建设、文化建设、社会建设和生态建设是相互联系、相互促进的有机统一体。此五者互为条件、缺一不可，忽视任何一个方面，都会造成发展不协调的被动局面。这是对60年来我国社会主义建设经验教训的深刻总结。

经济建设是基础。经济建设为政治建设、文化建设、社会建设和生态建设提供物质基础。经济建设不仅影响着人们的政治关系、政治意识、政治行为和整个社会的政治制度，也制约着社会的教育、科学、文化发展水平以及人们的思想道德水平。改革开放30多年来，我国面貌之所以发生了前所未有的巨大变化，社会事业之所以取得了历史性进步，就是因为我国始终坚持以经济建设为中心，通过改革开放使社会生产力得到了极大的解放和发展。因此，坚持以经济建设为中心在任何时候都决不能动摇。正如邓小平于1980年1月在中共中央召集的干部会议上的讲话中所说："现代化建设的任务是多方面的，各个方面需要综合平衡，不能单打一。但是说到最后，还是要把经济建设当作中心。离开了经济建设这个中心，就有丧失物质基础的危险。"

政治建设是保障。政治建设为经济建设、文化建设、社会建设和生态建设提供政治保障。没有政治建设，就不可能充分调动人民群众的积极性、主动性、创造性；没有一个以健全法制为保障的发展环境，其他建设就不可能顺利进行。邓小平指出："没有民主就没有社会主义，就没有社会主义现代化。"江泽民也指出："发展社会主义民主政治，是建设有中国特色社会主义的重要内容，也是实现现代化目标的重要保证。"由此可见，只有政治建设搞好了，实施"五位一体"的总体布局才能有可靠的保证。

文化建设是灵魂。文化建设为经济建设、政治建设、社会建设和生态建设提供思想保证、精神动力、文化环境和智力支持。没有文化建设，就没有共同的理想信念和道德规范，就不能形成昂扬向上、开拓进取的主流精神，其他建设就没有精神支撑。只有搞好文化建设，人们拥有了较高的科学文化素养、崇高的理想信念和道德情操，才能为经济建设、政治建设、社会建设和生态建设提供思想保证、精神动力、文化环境和智力支持。

社会建设是条件。社会建设为经济建设、政治建设、文化建设和生态建设提供有利的社会条件。没有社会建设，就不能形成促进其他建设的良好社会环境。社会建设就像一条纽带，具有统合经济建设、政治建设、文化建设和生态建设的功能并产生辐射作用，使之与广大人民群众的切身利益紧密相连。社会建设水平的提升必将有力地促进和带动经济建设、政治建设、文化建设和生态建设的发展，使社会主义制度在经济、政治、文化等方面的优越性更加充分地体现出来。

生态建设是根本。生态建设为经济建设、政治建设、文化建设和社会建设提供和谐的生态环境。没有生态建设，就不能实现经济、政治、文化、社会的可持续发展。如果说生态文明建设是对传统文明形态特别是工业文明进行深刻反思所形成的认识成果，那么，生态建设就是在经济建设过程中保护和改善生态环境的实践结果。改革开放以来，我国经济社会发展在取得巨大成就的同时，也付出了巨大的能源、资源和生态环境代价。目前，生态建设与经济社会发展的不协调，已经对中国特色社会主义事业总体布局的目标产生了重大影响。

在推进中国特色社会主义事业的伟大实践中，必须按照"五位一体"总体布局的要求，把社会主义经济建设、政治建设、文化建设、社会建设和生态建设作为统一的任务来把握，作为统一的工作来部署，作为统一的目标来落实，大力发展社会主义市场经济,大力发展社会主义民主政治,大力发展社会主义先进文化,大力构建社会主义和谐社会,大力发展社会主义生态文明,建设富强、民主、文明、和谐的中国特色社会主义。

第六章 中国特色社会主义事业的总任务

第一节 致力实现社会主义现代化

早期国人对中国现代化历程的探索尽管具有不同程度的推动作用,但都没有从根本上改变中国半殖民地半封建社会的性质,中国现代化进程步履维艰。历史选择了中国共产党,因为中国共产党最先认清了近代中国的社会性质和两大主要矛盾,并明确指出中国要从农业国走向现代工业国家,必须首先推翻帝、封、官三座大山,摧毁旧的国家机器,打破严重束缚生产力发展的桎梏,实现民族独立和人民解放。中国共产党打破了禁锢中国现代化的坚冰,打通了现代化的航线,指明了现代化道路的方向。

一、中共第一代领导集体对中国特色革命和建设道路的艰辛开拓

在中国共产党领导下取得的新民主主义革命的胜利,开辟了通向现代化的道路,为中国现代化的顺利发展创造了必要的前提。建国后,以毛泽东为主要代表的中国共产党人创造性地运用列宁过渡时期理论,正确地分析中国特殊国情,领导全国人民开拓出一条具有中国特色的社会主义改造道路,其实质就是以工业化为目标的社会主义现代化探索之路。这条道路的成功开辟,使拥有几亿人口的中国实现了复杂、深刻的社会变革,初步建立了比较完整的国民经济体系和工业体系,为进一步探索中国社会主义现代化建设道路积累了宝贵经验。

(一)中国特色革命道路与历史新纪元

大革命失败后,以毛泽东为主要代表的中国共产党人,从中国半殖民地半封建社会的特殊国情出发,经过反复探索,在总结成功经验和失败教训的基础上,创造性地把马克思主义普遍原理同中国革命的具体实际相结合,逐步找到了一条有中国特色的革命道路,经过长期的艰苦卓绝的探索与奋斗,把处于险境中的中国革命引向通途,实现了马克思主义和中国实际相

结合的第一次伟大的历史性飞跃。建立农村革命根据地，开展土地革命，实行工农武装割据，用革命武装反抗国民党的反动统治，正是大革命失败后以毛泽东为主要代表的中国共产党人启动了中国革命航船，复兴了中国革命大业，完成了反帝反封建的新民主主义革命任务，这是中国的一次历史性抉择。特别是1935年1月的遵义会议，实际确立了毛泽东的领导地位后，中国共产党在以毛泽东为代表的马克思主义实践者的正确路线领导下，沿着有中国特色的革命道路，克服重重困难，一步步地引导中国革命走向胜利。民族独立和人民解放是中国人民面临的两大历史任务之一，凝聚着几代中国人的渴望与追求。1949年新民主主义革命的胜利和中华人民共和国的建立，使中国社会发生了历史性巨变。中华人民共和国的诞生，人民当家做主的国家政权的建立，促使新中国实行独立自主的外交政策，社会风貌欣欣向荣，中国的社会制度发生了大变革。建国初期，以毛泽东为代表的中国共产党人把马克思列宁主义的普遍原理同中国革命的具体实践相结合，在国民经济恢复和发展的基础上，创造性地开辟了一条适合中国的社会主义改造道路，实现了从新民主主义到社会主义的转变，社会主义制度在中国确立，中国开始进入到社会主义阶段。

（二）社会主义现代化建设道路的曲折探索

以毛泽东为首的第一代共产党人对社会主义建设进行了可贵探索：在社会主义经济建设上，要走一条具有中国特色的工业化道路；在社会主义政治建设上，要进一步扩大民主健全法制；在社会主义思想文化建设上，要坚持"双百"方针。经过建国20年的艰辛探索，在理论上也取得了丰硕的成果：一是奠定了中国社会主义建设的理论基础；二是阐述了社会主义分为两个阶段的思想；三是规划了四个现代化的宏伟目标；四是提出了发展社会主义商品生产和商品交换的理论。但同时，毛泽东关于社会主义发展也出现了战略迷失，思想认识逐渐偏离了正确的发展轨道，最终酿成给国家政治、经济和文化建设带来巨大灾难的"十年动乱"。可以说，毛泽东的失误与他的成功一样包含了深刻的历史意蕴，在一定意义上，他的失误或许比他的成功能告诉我们更多的东西，给我们更深的启迪。

二、中共第二代领导集体对中国特色社会主义道路的成功开辟

面对社会主义初级阶段这一当代中国最大的国情，邓小平从反思"什么是社会主义，怎样建设社会主义"这一根本问题

入手，对"中国式的现代化"道路进行了创造性的探索与回答。党正确总结并吸取建国以来在经济发展战略部署上的经验教训，明确了我国正处于社会主义初级阶段的现实国情，正式确定了"三步走"的发展战略。由邓小平所开创的中国特色社会主义现代化道路是中华民族历史上的一个伟大创举，它使中国的社会面貌发生了巨大变化，综合国力日益增强，人民生活水平明显改善，中国的国际声誉和地位空前提高。

（一）建设中国特色社会主义理论的基本建构

十一届三中全会完成了党的工作重点的转移，开创了中国特色社会主义道路，为奔向现代化新征途树起了一座历史丰碑。伟大的事业，必须有伟大的理论来指导，领导伟大事业的党，必须有伟大理论的武装。邓小平的中国特色社会主义建设理论，是在和平与发展成为时代主题的历史条件下，在我国改革开放和社会主义现代化建设的实践过程中，在总结我国社会主义胜利和挫折的历史经验并借鉴其他社会主义国家兴衰成败历史经验的基础上，逐步形成和发展起来的。邓小平理论是当代中国的马克思主义，是马克思主义在中国发展的新阶段，是我们进行改革开放和社会主义现代化建设的强大精神支柱与科学行动指南。其支柱理论包括社会主义本质论、社会主义初级阶段论、社会主义发展动力论、社会主义市场经济论、社会主义精神文明建设论和"一国两制"论。

（二）中国特色社会主义道路新局面的开创

为全面开创社会主义现代化建设的新局面，确定继续前进的正确道路、战略步骤和方针政策，1982年9月以《全面开创社会主义现代化建设的新局面》为主题的十二大在北京隆重举行。十二大报告根据邓小平的关于建设有中国特色社会主义的基本指导思想，分析了我国当前政治和经济形势，就如何建设有中国特色的社会主义做出了初步的规划，制定了具体的行动纲领。在思想路线及方针、政策方面，这个行动纲领总结继承了十一届三中全会以来已被实践证明的实事求是的正确思想路线，同时又将其进一步充实和发展，并且使之更加切合中国实际，因而具有高度的科学性和充分的说服力，是统一全国人民思想的行动纲领。在十二大精神的鼓舞下，中国的改革开放全面铺开，从农村改革到城市改革、从经济体制改革到各方面体制改革、从开办特区到开放沿海一线。1987年10月召开的党的十三大正式提出党在社会主义初级阶段的基本路线，不仅指出了党在整个社会主义初级阶段的中心任务，而且指出实现这一中心任务必须坚持的原则，同时明确了党的奋斗目标，以及实现奋斗目标的领导力量、依靠力量和应坚持的基本方针。用一句话概括，党的基本路线就是"一个中心，两个基本点"。

三、中共第三代领导集体对中国特色社会主义事业新局面的全面开创

作为中国现代化道路和中华民族振兴史上承前启后、继往开来的中共第三代领导集体，始终高举邓小平理论伟大旗帜，团结进取，开拓创新，勇于承担时代赋予自己的重任，在胜利完成现代化建设前两步战略目标后，快马加鞭，为建设富强民主文明的社会主义现代化国家而继续努力奋斗。

（一）第三代领导集体的理论建树

经过党的十三届四中全会和五中全会，中国共产党形成了以江泽民为核心的第三代中央领导集体，并实现了由第二代中央领导集体到第三代中央领导集体之间有计划、有步骤的交接。自此以后，党的第三代中央领导集体，以高度的自觉性，始终不渝地坚持用邓小平理论指导全党的各项工作，面对复杂多变的国际国内形势，正确处理和解决了党所遇到的一系列复杂问题，开创了我国改革开放和现代化建设的新局面。在这一过程中，以江泽民为核心的第三代领导集体高举邓小平理论伟

大旗帜，为丰富和发展邓小平理论做出了巨大贡献：一是深化社会主义市场经济理论；二是提出社会主义建设的一系列新战略；三是实现治国方式的重大转变；四是实现党建理论的新突破。第三代中央领导集体紧密结合改革开放和现代化建设的实际，在世纪之交，郑重地提出了党的建设的新的伟大纲领——"三个代表"重要思想，在充满挑战和希望的21世纪，从根本上进一步回答了党要把自己建设成为一个什么样的党和怎样建设党的问题。这是对党的性质、根本宗旨和历史任务的新概括，是对马克思主义建党学说的重大发展。

（二）现代化建设的跨越式发展

十三届四中全会以来，第三代领导集体坚持并拓宽了中国特色社会主义道路，全面改革，扩大开放，加快发展，社会主义现代化建设取得了举世瞩目的光辉成就，社会主义中国显现出勃勃生机和活力。中国社会正在实现由穷到富，由弱到强，由落后到先进，由传统的农业文明到现代工业文明的伟大转变。中国人民正以豪迈的气概实现着中国共产党领导下的第三次历史性巨变。一是市场经济大潮涌起，表现为社会主义市场体系的培育与运行、现代企业制度的建立与发展、社会保障体系的构筑与完善。二是高新技术突飞猛进，表现为信息科学技术的崛起、生命科学技术的突破、新材料与新能源科学技术的开发、航天科学技术的拓展。三是产业结构优化升级，表现为农业基础地位的稳固，第三产业异军突起，工业化和信息化并举，基础设施建设的加强与资源、环境的协调发展。四是法制体系日趋健全，初步形成以宪法为核心的社会主义法律体系框架。五是科教兴国战略全面实施，对我国经济和社会发展产生了广泛而深刻的影响。六是区域经济协调发展，有力地促进了我国各地区经济的持续快速发展。

四、以胡锦涛为总书记的党中央对中国特色社会主义事业的全面推进

（一）马克思主义中国化的理论创新

一个民族兴旺发达，离不开思想上的升华；一个政党发展壮大，离不开理论上的成熟。毛泽东曾说过，主义譬如一面旗帜，政党的旗帜就是作为党的指导思想的科学理论。以什么理论为指导，举什么旗帜，关系到党的生死存亡。毛泽东思想、邓小平理论、"三个代表"重要思想和科学发展观是马克思列宁主义与中国实际相结合而产生的历史性飞跃的伟大理论成果，是党和人民实践经验的总结和集体智慧的结晶。回顾中

国共产党90多年的奋斗历程，由于党成功地解决了旗帜问题，党领导的革命、建设和改革事业才取得了伟大胜利，才能把一个贫穷落后的半殖民地半封建的旧中国引导走向繁荣富强的社会主义新中国，并在建设中国特色社会主义道路上继续阔步前进。

十六大以来，以胡锦涛为核心的党中央围绕"实现什么样的发展，怎样发展"的主题，"立足社会主义初级阶段基本国情，总结我国发展实践，借鉴国外发展经验"，"坚持以邓小平理论和'三个代表'重要思想为指导，根据新的发展要求，集中全党智慧，提出了以人为本、全面协调可持续发展的科学发展观"，"是同马克思列宁主义、毛泽东思想、邓小平理论和'三个代表'重要思想既一脉相承又与时俱进的科学理论，是我国经济社会发展的重要指导方针，是发展中国特色社会主义必须坚持和贯彻的重大战略思想"。

（二）中国特色社会主义道路的拓宽与夯实

中国共产党人不仅注重理论创新，而且更加注重实践创新。以毛泽东为代表的中共第一代领导集体，运用马克思主义基本原理，依据中国特殊国情，开拓了一条具有中国特色的革命道路。以邓小平为主要代表的中国共产党第二代领导集体在对我国社会主义现代化建设正反两方面历史经验进行深刻反思基础上，大胆吸收和借鉴人类社会创造的一切优秀文明成果，把马克思主义普遍原理与中国实际相结合，探索出一条有中国特色的社会主义现代化建设道路。十三届四中全会后，以江泽民为核心的第三代中央领导集体坚持并拓展了由邓小平所开创的中国特色社会主义道路，经受住了来自方方面面的严峻考验，使社会主义在中国显示出蓬勃生机和活力，也使社会主义现代化建设取得了辉煌成就。中国社会正在实现由穷到富、由弱到强、由落后到先进、由传统农业文明到现代工业文明的伟大转变。

十六大以来，以胡锦涛为总书记的新中央坚定不移地走老一辈共产党人开创的中国特色社会主义道路，"立足基本国情，以经济建设为中心，坚持四项基本原则，坚持改革开放，解放和发展社会生产力，巩固和完善社会主义制度，建设社会主义市场经济、社会主义民主政治、社会主义先进文化、社会主义和谐社会，建设富强民主文明和谐的社会主义现代化国家"，并以中国在新世纪之初的和平崛起而为全世界所瞩目。这是对中国特色社会主义道路的拓展与夯实，指引中国这艘巨轮沿着正确的航道乘风破浪勇往直前。

（三）现代化目标的不断迫近

以毛泽东为核心的第一代领导集体，明确指出了把我国建成农业、工业、国防和科技现代化的社会主义国家的宏伟目标。在建设"四化"强国的宏伟目标指引下，全党和全国人民自力更生，艰苦创业，社会主义建设取得了伟大成就，逐步建立了独立的比较完整的工业体系和国民经济体系，这为党正确制定社会主义初级阶段经济发展战略奠定了基础。以邓小平为核心的第二代领导集体，从反思"什么是社会主义，怎样建设社会主义"这一根本问题入手，对"中国式的现代化"道路进行了创造性的探索与回答，特别是明确提出以"三步走"的战略构想作为中国逐步实现现代化的发展步骤。邓小平所开创的中国特色社会主义现代化道路是中华民族历史上的一个伟大创举，使中国社会面貌发生了根本性变化，综合国力空前增强，人民生活水平显著改善，中国的国际声誉和地位有了前所未有的提高。以江泽民为核心的第三代领导集体高举邓小平理论伟大旗帜，为早日实现社会主义现代化的宏伟目标，确立和制定了一系列战略方针和政策，提前胜利完成了现代化建设的前两步战略目标后，十五大提出了"新三步走"的发展战略，中国又开始朝着富强民主文明的社会主义现代化目标继续奋进。

江泽民在新世纪之初召开的十六大更是明确提出:"我们要在本世纪头二十年,集中力量,全面建设惠及十几亿人口的更高水平的小康社会","经过这个阶段的建设,再继续奋斗几十年,到本世纪中叶基本实现现代化,把我国建成富强民主文明的社会主义国家"。胡锦涛在十七大上提出,"我们已经朝着十六大确立的全面建设小康社会的目标迈出了坚实步伐,今后我们要继续努力奋斗,确保到2020年实现全面建成小康社会的奋斗目标",即"把我国建设成为富强民主文明和谐的社会主义现代化国家"。十八大报告则更加明确地提出了"全面建成小康社会和全面深化改革开放的目标"。

第二节 早日实现中华民族伟大复兴

在人类历史发展长河中,中华民族具有长期雄居世界民族之林之首的辉煌。但自18世纪中叶英国抢先拉开以工业化为核心的现代化革命序幕以后,中华民族逐渐地落后了。特别是1840年鸦片战争后百年间,中国逐步沦为半殖民地半封建社会,在国际间的地位一落千丈。为实现民族独立和国家富强,一代又一代的中华儿女不懈奋斗,直到1921年中国共产党成立，中国人民才真正踏上民族复兴的伟大征程。实现中华民族伟大复兴是中国共产党义不容辞的历史使命，中国共产党是中华民族实现伟大复兴的坚强领导核心。可以说，背负历史使命的中国共产党和中华民族伟大复兴紧密地联系在一起。

一、牢记实现中华民族伟大复兴的历史使命

诞生于20世纪20年代初国家衰弱、民族危亡之际的中国共产党，从一开始肩负着实现中华民族伟大复兴的庄严使命。党从成立那一天起，就是中国工人阶级的先锋队，同时是中国人民和中华民族的先锋队。一代又一代中国共产党人团结和带领中国人民在艰难困苦中奋起，在艰辛探索中前进，创造了人类历史上的伟大业绩。在新民主主义革命时期，党团结和带领全国各族人民完成了民族独立和人民解放的历史任务，为实现中华民族伟大复兴创造了前提。新中国成立后，党创造性地完成由新民主主义到社会主义的过渡，实现了中国历史上最伟大最深刻的社会变革，开始了在社会主义道路上实现中华民族伟大复兴的历史征程。十一届三中全会以来，党找到建设中国特色社会主义的正确道路，赋予民族复兴新的强大生机。十三届四中全会以来，党把中国特色社会主义事业全面推向前进，中华

民族的伟大复兴展现出更加灿烂的前景。

世纪之交,党的十五大制定了中国跨世纪发展的宏伟目标和实施方略,中国人民从此踏上了中华民族全面振兴的伟大征程。十五大报告多次提到,实现中华民族的全面振兴是中华民族的"根本利益""共同利益"和"共同理想"。在九届人大一次会议闭幕式上,江泽民满怀激情地进一步阐述了实现中华民族伟大复兴的战略构想和奋斗目标,并信心满怀地表示,"我们必将胜利到达现代化的光辉彼岸"。江泽民在北大百年校庆纪念大会上,展望了21世纪中华民族全面振兴的灿烂前景,向全国人民发出了迈向21世纪的进军号:"在党的基本理论和基本路线指引下,同心同德,勇于开拓,向着新世纪前进,向着现代化的光辉目标前进,向着中华民族的伟大复兴前进。""实现中华民族的伟大复兴"是贯穿十六大报告始终的一根红线,报告在前言、十三届四中全会以来经验总结、阐述"三个代表"重要思想、结语部分,都多次提及民族复兴。这表明,中华民族的伟大复兴是十六大报告的重要出发点和落脚点。以胡锦涛为总书记的党中央在十七大、十八大上多次论及"中华民族伟大复兴"的宏伟目标,以习近平为总书记的新中央更加明确地提出了以实现中华民族伟大复兴为基本内核的

"中国梦"的美好愿景。可见,"实现中华民族伟大复兴"是时代赋予中国共产党历代中央领导集体的历史使命,是历代中央领导集体的清醒共识和纲领性口号。这一响亮口号充分体现了全国各族人民的共同心愿,秉承了100多年来为振兴中华贡献智慧乃至流血牺牲的无数志士仁人的梦想与夙愿,必将进一步凝聚全党和全国各族人民的智慧和力量,鼓舞中国人民追求更加美好的生活,为实现中华民族的富强、民主和文明、和谐而努力奋斗。

二、明确实现中华民族伟大复兴的重要目标

现代化是人类社会文明长期发展的趋势和必然结果,也是中国人民在19世纪中叶以后梦寐以求、为之不懈奋斗的目标。许多志士仁人为了救国图存,艰辛求索,前仆后继,英勇抗争,终于打开了中国社会迈向现代化的大门。面对近代以来民族独立、人民解放和国家繁荣富强、人民共同富裕这两大历史课题,在以毛泽东、邓小平、江泽民为核心的中国共产党三代领导集体的带领下,中国人民通过自己的实践,逐步深化了对中国特殊国情的认识,开拓了具有中国特色的革命和建设道路,不断地推进中国社会主义现代化的进程。这是中国共产党

长期奋斗不懈追求的永恒主题，也是实现中华民族伟大复兴的重要目标。

以毛泽东为核心的第一代中国共产党人明确指出，中国要从农业国家走向现代工业化国家，必须首先实现民族独立和人民解放，没有国家独立和人民民主就不可能有工业化的富强国家。第一代领导集体还明确地提出了把我国建成"四化"的社会主义国家的宏伟目标。在建设"四化"强国的伟大目标指引下，全党和全国人民自力更生，艰苦创业，社会主义建设取得了伟大成就，逐步建立了比较完整的独立的工业体系和国民经济体系，这为党正确制定社会主义初级阶段经济发展战略奠定了基础。

十一届三中全会确立了以邓小平为核心的中共第二代领导集体，在毛泽东对中国现代化道路探索的基础上，从反思"什么是社会主义，怎样建设社会主义"这一根本问题入手，对"中国式的现代化"道路进行了创造性的探索与回答，特别是明确提出以"三步走"的战略构想作为中国逐步实现现代化的发展步骤。邓小平开创的中国特色社会主义现代化道路是中华民族历史上的一个伟大创举，它使中国社会面貌发生了巨大变化，综合国力空前增强，人民生活水平显著改善，中国的国际声誉和地位有了前所未有的提高。

十三届四中全会后,以江泽民为核心的第三代领导集体高举邓小平理论的伟大旗帜,为早日实现社会主义现代化的宏伟目标,确立和制定了一系列战略方针和政策。十四大将"三步走"的战略目标进一步明确化,十五大更加明确地提出了"新三步走"的发展战略,十六大也指出,"我们要在本世纪头20年,集中力量,全面建设惠及十几亿人口的更高水平的小康社会","经过这个阶段的建设,再继续奋斗几十年,到本世纪中叶基本实现现代化,把我国建成富强民主文明的社会主义国家"。

胡锦涛在十七大上提出,"为夺取全面建设小康社会新胜利而奋斗"。十八大报告则进一步提出,"为全面建成小康社会而奋斗"的更高目标。目前,在"中国梦"的引领下,中国正快马加鞭,朝着富强民主文明和谐的社会主义现代化目标奋进。

三、高举实现中华民族伟大复兴的光辉旗帜

一个民族兴旺发达,离不开思想上的升华;一个政党发展壮大,离不开理论的成熟。毛泽东曾说过,主义譬如一面旗

帜，政党的旗帜就是作为党的指导思想的科学理论。以什么理论为指导，举什么旗帜，关系到党的生死存亡。毛泽东思想、邓小平理论和"三个代表"重要思想和科学发展观等理论是马克思列宁主义与中国实际相结合而产生的历史性飞跃的伟大理论成果，是党和人民实践经验的总结和集体智慧的结晶。回顾中国共产党90多年奋斗历程，由于党成功地解决了旗帜问题，党领导的革命、建设和改革事业才取得了伟大胜利，一个贫穷落后的半殖民地半封建的旧中国才变成初步繁荣富强的社会主义新中国，并在建设有中国特色的社会主义道路上继续阔步前进。这几大理论成果，是中国共产党的伟大理论创造，也是中华民族实现伟大复兴的光辉旗帜。

马克思主义是人类历史上优秀的科学理论，中国共产党从成立伊始，就坚定不移地以马克思主义为指导。毛泽东勇承历史重任，以无产阶级革命家的胆识和马克思主义的理论勇气，率先举起"反对本本主义"的旗帜，提出"没有调查研究就没有发言权""中国革命斗争的胜利要靠中国同志了解中国情况"等重要观点，成为马克思主义中国化的理论先导，有力地推动了马克思主义中国化的历史进程。以毛泽东为核心的第一代领导集体在领导第一次伟大革命过程中，实现了马克思主义同中国实践相结合的第一次历史性飞跃,其理论成果就是毛泽东思想。毛泽东思想是第一代领导集体对中国革命最大的理论贡献。中共七大把毛泽东思想确立为党的指导思想,做出了高举毛泽东思想伟大旗帜的历史性决策。这是历史的选择和时代的呼唤,中国革命的伟大实践充分验证了这一历史选择的正确性。

在社会主义中国处于十字路口的历史关头,邓小平于十一届三中全会上成为第二代领导集体的核心。他继续高举马列主义、毛泽东思想的伟大旗帜,科学总结历史经验,解放思想,实事求是,依据我国现阶段的基本国情,逐步形成了当代中国的马克思主义——邓小平理论。邓小平理论集中回答了"什么是社会主义、怎样建设社会主义"这个根本问题,深刻地揭示了社会主义的本质,把对社会主义的认识提高到新的科学水平,成为指导中国人民实现社会主义现代化的正确理论。邓小平理论是中国共产党集体智慧的结晶,是马克思主义在中国发展的新阶段,是改革开放新时期的产物,具有鲜明的时代精神。中共十五大把邓小平理论同马克思列宁主义、毛泽东思想一道确立为党的指导思想,这是时代的呼声,人民的心愿。

以江泽民为核心的第三代领导集体,高举邓小平理论伟大旗帜，准确把握时代特征，科学判断我国所处的历史方位，围绕建设中国特色社会主义这个主题，加深了对什么是社会主义、怎样建设社会主义和建设什么样的党、怎样建设党的认识，积累了治党治国治军的宝贵经验，凭借着马克思主义的巨大理论勇气进行理论创新，逐步形成了"三个代表"重要思想这一系统的科学理论。"三个代表"重要思想是对马克思列宁主义、毛泽东思想和邓小平理论的继承和发展，是马克思主义在中国发展的崭新成果。十六大把"三个代表"重要思想同马克思列宁主义、毛泽东思想和邓小平理论一道，确立为党必须长期坚持的指导思想。

十六大以来，以胡锦涛为总书记的党中央围绕"实现什么样的发展，怎样发展"的主题，立足社会主义初级阶段基本国情，总结我国发展实践成果，借鉴国外发展经验，坚持以马克思列宁主义、毛泽东思想、邓小平理论、"三个代表"重要思想为指导，勇于在实践基础上的推进理论创新，围绕坚持和发展中国特色社会主义提出一系列紧密相连、相互贯通的新思想、新观点、新论断，形成和贯彻了科学发展观。科学发展观是马克思主义同当代中国实际和时代特征相结合的产物，是马克思主义关于发展的世界观和方法论的集中体现，对新形势下实现什么样的发展、怎样发展等重大问题做出了新的科学回答，对中国特色社会主义规律的认识提高到新的水平，开辟了当代中国马克思主义发展新境界。科学发展观是中国特色社会主义理论体系最新成果，是中国共产党集体智慧的结晶，是指导党和国家全部工作的强大思想武器。科学发展观同马克思列宁主义、毛泽东思想、邓小平理论、"三个代表"重要思想一道，是党必须长期坚持的指导思想。

中国特色社会主义理论体系，就是包括邓小平理论、"三个代表"重要思想以及科学发展观等重大战略思想在内的科学理论体系。它"坚持和发展了马克思列宁主义、毛泽东思想，凝结了几代中国共产党人带领人民不懈探索实践的智慧和心血，是马克思主义中国化最新成果，是党最可宝贵的政治和精神财富，是全国各族人民团结奋斗的共同思想基础"，"在当代中国，坚持中国特色社会主义理论体系，就是真正坚持马克思主义"。

四、坚定实现中华民族伟大复兴的特色道路

中国共产党在长期革命和建设实践中，不断探索近代中国国破辱深、民不聊生的根本原因，寻求实现中华民族复兴的正

确道路。一次次的挫折与失败，使得党逐步认识到：中国革命必须从本国实际出发，在马克思列宁主义指导下，走有自己特色的革命道路，才能取得革命的胜利。以毛泽东为代表的中国共产党人，运用马克思主义基本原理，依据中国特殊国情对中国社会发展道路进行艰苦探索，开拓了一条具有中国特色的革命道路。

在一个落后的半殖民地半封建国家里，如何走有中国特色的革命道路，既无经典著作回答，又无先例经验可循。新民主主义革命是一个漫长而艰巨的斗争过程，各个历史阶段阶级关系和矛盾不断呈现出新的变化，中国特色革命道路的成功运作与实现不可能一帆风顺。这要求中国共产党人在新民主主义革命总路线指引下，必须根据不同的历史发展阶段，实施不同的具体的战略与策略方针。以毛泽东为核心的第一代中国共产党领导集体以高度的革命精神、科学态度和理论勇气，创造性地运用马克思主义，坚持从中国实际出发，总结中国独特经验，成功地破解了中国革命所面临的一系列难题，并经过长期艰巨复杂的斗争，开创出一条有中国特色的革命道路，即在落后的半殖民地半封建中国，首先经过新民主主义革命夺取政权，建立人民民主专政，然后再进行社会主义改造和平过渡到社会主义。这条道路包括新民主主义革命和社会主义革命两个革命阶段、两种性质革命。前者是通过农村包围城市，武装夺取政权，建立新民主主义社会；后者是以人民民主专政为杠杆，通过社会主义改造和平过渡到社会主义。一句话，通过新民主主义，达到社会主义。这就为从半殖民地半封建社会到社会主义社会架起一座桥梁，打开一个通道。实践证明，这条具有中国特色的革命道路，是符合中国国情的唯一正确的选择，是历史的必然选择。1949年中华人民共和国的诞生和1956年社会主义制度的建立，表明以毛泽东为主要代表的中国共产党人开拓的有中国特色的社会主义革命道路和有中国特色社的会主义改造道路获得了巨大的成功，饱经风霜的近代中国经由新民主主义社会昂首迈入社会主义社会，为中国社会主义建设事业的发展开辟了广阔天地。

中国国情极其特殊，在这样一个特殊国度建设社会主义，必须有非凡的胆识，走非常的道路，即必须创造性地发展马克思主义，走一条非同寻常的社会主义道路，也就是"把马克思主义的普遍真理同我国的具体实际结合起来，走自己的路，建设有中国特色的社会主义"。十一届三中全会以后，以邓小平为主要代表的中国共产党第二代领导集体在对我国社会主义现代化建设正反两方面历史经验进行深刻反思的基础上，大胆吸收和借鉴人类社会创造的一切优秀文明成果，把马克思主义普遍原理与中国实际相结合，探索出一条有中国特色的社会主义现代化建设道路。这一道路既区别于资本主义现代化，又区别于马克思主义经典著作中的传统社会主义和苏联模式的社会主义。这条道路需要解决的是在一个经济比较落后的农业国，如何进行社会主义现代化建设的问题。坚持"一个中心、两个基本点"，物质文明和精神文明同步发展，把我国建设成为富强、民主、文明的社会主义现代化国家，这是对具有中国特色的社会主义建设道路的集中概括。

十三届四中全会以来，由以邓小平为核心的第二代中央领导集体开创、以江泽民为核心的第三代中央领导集体和以胡锦涛为代表的党中央坚持并拓展了的中国特色社会主义道路，经受住了来自方方面面的严峻考验。这条道路使社会主义在中国显示出蓬勃的生机和活力，社会主义现代化建设取得了辉煌成就，中国社会正在实现由穷到富、由弱到强、由落后到先进、由传统农业文明到现代工业文明的伟大转变，并将以中国特色社会主义的和平崛起而为全世界所瞩目。

总之，中国共产党90多年来开创了中国特色革命道路和中国特色社会主义建设道路,这是中国革命胜利之路、中国建设成功之路,也是中华民族伟大复兴的正确道路。"中国特色社会主义道路,就是在中国共产党领导下,立足基本国情,以经济建设为中心,坚持四项基本原则,坚持改革开放,解放和发展社会生产力,巩固和完善社会主义制度,建设社会主义市场经济、社会主义民主政治、社会主义先进文化、社会主义和谐社会,建设富强民主文明和谐的社会主义现代化国家。""在当代中国,坚持中国特色社会主义道路,就是真正坚持社会主义。"

五、夯实实现中华民族伟大复兴的基础条件

(一)20世纪中国共产党领导下取得的两次历史性巨变是实现民族复兴的丰厚物质基础

以"中华人民共和国的成立和社会主义制度的确立"为主要标志的20世纪中国第二次历史性巨变,"是中国共产党成立后,在以毛泽东为核心的第一代领导集体的领导下完成的"。以毛泽东为核心的第一代中央领导集体领导全党和全国各族人民经过长期奋斗,夺取了新民主主义革命的胜利,进而建立起社会主义基本制度,解放和发展了生产力,把100多年来受尽

外国侵略者欺凌的半殖民地半封建的旧中国变成了独立的人民当家做主的社会主义新中国。这场中国有史以来最伟大的革命,开辟了中国历史的新纪元。

以改革开放和社会主义现代化建设取得辉煌业绩为显著标志的20世纪70年代末至21世纪初中国第三次历史性巨变则是在以邓小平、江泽民、胡锦涛为核心的中国共产党三代中央领导集体的正确领导下实现的。这是一个拨乱反正、全面改革的进程;是从以阶级斗争为纲到以经济建设为中心,从封闭半封闭到改革开放,从计划经济到社会主义市场经济转变的进程;是逐渐搞清楚"什么是社会主义,怎样建设社会主义"这个根本问题的进程。在这次历史巨变进程中,中国共产党成功地走出了一条建设有中国特色的社会主义新道路,为中国的社会主义现代化奠定了坚实的基础。以江泽民为核心的第三代中央领导集体坚定不移地走第二代中央领导集体开创的中国特色社会主义道路,使社会主义在中国显示出蓬勃生机和活力,社会主义现代化建设取得了举世瞩目的光辉成就,为全世界所瞩目。十三届四中全会以来,在以江泽民为核心的第三代中央领导集体和以胡锦涛为代表的新一代党中央的共同努力下,中国取得了重大的历史性突破:国民经济持续快速健康发展,改革开放成果丰硕,社会主义民主政治和精神文明建设成效显著,国防和军队建设迈出新步伐,人民生活总体上达到小康水平,祖国统一大业又有新进展,对外工作开创新局面,党的建设全面加强。党和全国人民做出的艰辛努力和取得的伟大成就举世瞩目,必将载入中华民族伟大复兴的光辉史册。

(二)坚强有力的中共中央领导集体的正式确立及其顺利交接是实现民族复兴的最坚实的组织保证

是否有一个成熟的中央领导集体,是关系到党兴衰存亡的大问题。从1921年中国共产党成立到1935年遵义会议召开的这14年间,全党并没有形成一个成熟的中央领导集体及核心领袖,虽然党的事业也取得了一些成功,但更多的是失败和挫折。遵义会议上,以毛泽东为代表所坚持的正确路线在党中央赢得了领导地位,党的第一代中央领导集体逐步形成、发展、稳固,极大地推动了中国革命进程。之后,中国共产党仅用了14年时间,就在1949年建立了中华人民共和国,取得了新民主主义革命的巨大胜利。到1976年毛泽东主席逝世,第一代中央领导集体走向终结时,因为毛泽东最后选定的接班人华国锋坚持"两个凡是",致使"文化大革命"结束后仍然"左"雾弥漫，中国前途未卜。值此危难之际，邓小平再次崛起，于十一届三中全会上实现了第一代领导集体向第二代领导集体"迟到的交接"。以邓小平为核心的第二代领导集体拨正了中国前进的航向，开创了有中国特色社会主义建设道路，中国改革开放和社会主义现代化建设事业蓬勃发展。1989年，享有崇高威望的邓小平从党的事业和国家的前途命运的大局出发，毅然决然地从核心领导岗位上退下来，于十三届四中全会上顺利实现了向以江泽民为核心的第三代领导集体的过渡。2002年十六大上，声誉甚高的江泽民和邓小平一样，带头践行党和国家领导干部退休制度，推举年富力强的胡锦涛接班，并于十六届四中全会顺利完成了向新一届中央领导集体的制度化交接。2012年十八大上，胡锦涛也从党和军队最高领袖的位置上干脆利落地退下来，交班给习近平，实现了向新一届中央的常态化交接。纵观中国共产党90多年的历史，完全有理由说，党的历代中央领导集体的确立、稳固及其顺利交接（这种交接，不仅体现为组织权力的新老更替，也体现为指导思想的与时俱进，以及中国特色发展道路的不断开拓，是组织、理论和实践这三大层面的全面交接）是中国革命建设改革获得成功的根本保证。

（三）作为中国共产党60余年执政经验的最高概括的中国特色社会主义理论体系是实现民族复兴最有力的思想保证

中国共产党在90多年的奋斗历程中，始终坚持马克思主义中国化，形成了一系列重大理论成果，这是中国共产党的伟大理论创造，也是党成功领导改革开放和中国特色社会主义，不断推进中华民族伟大复兴历史进程的思想保证。

以毛泽东为核心的第一代领导集体，坚持实事求是，围绕"什么是新民主主义、怎样进行新民主主义革命"，实现了马克思主义同中国革命实际相结合第一次历史性飞跃，创立了毛泽东思想，确保中国革命取得了历史性胜利，并走上了社会主义道路。以邓小平为核心的第二代领导集体，坚持解放思想、实事求是，创造性地继承、丰富和发展了毛泽东思想，围绕"什么是社会主义、怎样建设社会主义"，在三中全会后实现了马克思主义同中国建设实践相结合的第二次历史性飞跃，创立了邓小平理论，开创了改革开放和中国特色社会主义建设事业的新局面。以江泽民为核心的第三代领导集体，高举邓小平理论伟大旗帜，坚持解放思想、实事求是、与时俱进，加深了对"什么是社会主义、怎样建设社会主义"和"建设什么样的党、怎样建设党"的认识，创立了"三个代表"重要思想，中国取得了跨世纪大发展的喜人成就。进入新世纪以来，以胡锦涛为代表的党中央，紧紧围绕"实现什么样的发展，怎样实现发展"的主题，创立了科学发展观，确保中国实现又好又快的发展，一步步接近我们的既定目标。

十七大上，中国共产党把包括邓小平理论、"三个代表"重要思想以及科学发展观等重大战略思想在内的科学理论做了全面概括，提出了一个全新的政治概念，即"中国特色社会主义理论体系"。这是几代中国共产党人执政经验的深刻总结，是全党全国人民最可贵的政治财富和精神支柱，也是党领导全国人民继续团结奋斗并取得新胜利的最有力的坚强思想保证。

每一时代赋予每一代人不同的历史使命。如果说，实现"民族的独立与解放"，使中国人民"站"起来，最能代表以毛泽东为核心的中共第一代领导集体的丰功伟绩；实行全方位的"改革开放"，使中国人民"富"起来，最能代表以邓小平为核心的第二代领导集体的历史功勋；"全面建设小康社会"，使中国"强"起来，最能代表以江泽民为核心的中共第三代领导集体的意行取向；"实现中华民族的伟大复兴"，使中国"飞"起来，最能代表以胡锦涛为代表的党中央的执政方略。那么，明确提出以早日实现社会主义现代化和中华民族伟大复兴为核心内涵的"中国梦",则最能代表以习近平为总书记的新党中央的豪情壮志与宏远抱负。

"振兴中华"是中国历史发展的客观要求,也是所有中国人的共同心愿,几代人为之不懈追求。十五大《高举邓小平理论伟大旗帜,把建设有中国特色社会主义事业全面推向21世纪》的主题报告,制定了中国跨世纪发展的宏伟目标和实施方略,中国人民从此踏上了中华民族全面复兴的伟大征程。在21世纪之初召开的十六大上,贯穿政治报告始终的一条红线,就是实现中华民族的伟大复兴。"对于中国来说,新世纪将是中华民族实现伟大复兴的世纪","十一届三中全会以来,我们党建设有中国特色社会主义的正确道路,赋予民族复兴新的强大动力","十三届四中全会以来,我们党把中国特色社会主义事业全面推向前进,中华民族的伟大复兴展现出更加灿烂的前景"。十七大更是重申"我们党自诞生之日起就勇敢担当起带领中国人民创造幸福生活、实现中华民族伟大复兴的历史使命","当代中国共产党人必须继续承担好这个历史使命"。十八大则进一步强调指出:"在中国特色社会主义道路上实现中华民族伟大复兴,寄托着无数仁人志士、革命先烈的理想和夙愿。在长期艰苦卓绝的奋斗中,我们党紧紧依靠人民,付出了最大牺牲，书写了感天动地的壮丽史诗，不可逆转地结束了近代以后中国内忧外患、积贫积弱的悲惨命运，不可逆转地开启了中华民族不断发展壮大、走向伟大复兴的历史进程，使具有五千多年文明历史的中华民族以崭新的姿态屹立于世界民族之林。"可以说，历代中国共产党人从多角度、多侧面描述了21世纪中国的宏伟蓝图——富强、民主、文明、和谐、开放、统一。以习近平为总书记的新中央在解决国际国内一系列重大问题的过程中，不仅表现出了高超的领导艺术和驾驭全局的执政能力，而且初步形成了一整套治党治国治军的大政方针，日益呈现出青出于蓝而胜于蓝的政治气象，成为众望所归、政绩卓著的一代中央领导集体。相信在党中央的坚强领导下，全党全民同心同德，抢抓机遇，科学发展，中国特色社会主义事业定会走向新的更大的辉煌。

第七章　中国特色社会主义的鲜明特色

第一节　实践特色

中国特色社会主义作为中国各族人民实现中华民族伟大复兴，建设现代化的创造性活动，其在本质上是实践着的。因为"什么是中国特色社会主义，怎么建设中国特色社会主义"，马克思主义经典理论里面没有写，国外也没有现成的经验。必须由实践来开拓，由实践来推进，由实践来检验，由实践来完善，因此实践特色是中国特色社会主义首要特色。在改革开放初期，党就倡导和发扬"摸着石头过河"的实践探索精神，"大胆地试，大胆地闯"的实践勇气，和"先搞小的实验区，经验成熟了再推广"的实践智慧，依靠改革开放这一前无古人的崭新实践，奋力开创和推进中国特色社会主义伟大事业，创造了举世瞩目的成就。人民生活从普遍贫穷到总体小康，经济体制从过去的计划经济体制发展到今天的社会主义市场经济体制，从过去的封闭半封闭发展到走向世界并融入世界，等等。中国特色社会主义逐步发展的每一步，都是实践的结果。

实践永无止境，中国特色社会主义必将随着实践的发展不断地丰富起来。未来的中国还会不断遇到需要努力解决的新矛盾和新问题，任何时候都不能也不应当停留在某一个水平上，必须通过丰富实践特色不断把中国特色社会主义向更高层次推进。

丰富中国特色社会主义的实践特色，最根本的就是要把改革开放全面引向深入。改革开放作为当代中国发展进步的必由之路，是中国特色社会主义最基本的实践形式。实践表明，只有不断深化改革，才能为中国特色社会主义的发展注入发展动力；只有通过改革才能调节为发展中国特色社会主义而出现的社会矛盾；只有改革，才能清除中国特色社会主义发展过程中的消极因素。尤其在今天这样一个社会历史转型、体制机制转轨、发展方式转变的大变革时期，解决中国特色社会主义在实践中所遇到的各种重大棘手问题，包括化解推动科学发展面临的一系列极具挑战性的矛盾和困难，都要靠运用改革的思路和办法。新形势下，必须把深化改革作为丰富中国特色社会主义实践特色的着力点和突破口，切实将改革创新精神贯彻到治国理政各个环节。要深入推进经济、政治、文化、社会等各个领域的改革，努力从促进生产力与生产关系、经济基础与上层建筑协调一致上丰富中国特色社会主义的实践特色。

第二节 理论特色

中国特色社会主义作为人类历史上的伟大创举，离不开科学理论的指导，因而呈现出鲜明的理论特色。改革开放以来，中国共产党的几代领导集体在对中国特色社会主义的接力探索中将马克思主义普遍原理同当代中国实际和时代特征紧密结合，创立了包括毛泽东思想、邓小平理论、"三个代表"重要思想和科学发展观在内的中国特色社会主义理论体系。这个理论体系，是中国特色社会主义的实践经验结晶和理论表现形式，系统回答了在中国这样一个十几亿人口的发展中大国建设什么样的社会主义、怎样建设社会主义，建设什么样的党、怎样建设党，实现什么样的发展、怎样发展等基本问题，深化了对共产党执政规律、社会主义建设规律、人类社会发展规律的认识，引导党和人民沿着正确方向不断夺取中国特色社会主义事业的新胜利。

中国特色社会主义的理论特色,是实践的结果,也需要在实践中加以丰富。作为当代的中国共产党人来说,丰富中国特色社会主义的理论特色,就是要更加注重进行理论创新,使中国特色社会主义在理论上不断丰富和完善。坚持在丰富中国特色社会主义的理论特色上下功夫见成效,有着非常重要的意义。

首先,这是继续推进中国特色社会主义的客观需要。中国特色社会主义是前无古人的创新事业,需要经过若干代人的接力奋斗。事业的不断发展,需要理论的不断创新来引领。只有注重丰富其理论特色,不断总结新经验、探求新规律、做出新概括,努力形成新的理论成果,才能保证这一事业在新的起点上实现新的飞跃。

其次,这是面向世界扩大中国特色社会主义政治影响的客观需要。改革开放30多年形成的中国特色社会主义的道路、理论体系和制度,是人类文明史上的伟大创举,是中国对世界的历史性贡献。中国道路、中国模式对其他的发展中国家具有一定的借鉴意义。因此,只有不断丰富中国特色社会主义的理论特色,着力对中国经验、中国道路、中国制度做出更为精彩的理论提升，同时结合中国实际对人类发展共同面临的重大问题做出富有创造性的理论回答，形成在全球范围更具说服力的理论创新成果及话语体系，才能进一步扩大中国特色社会主义的世界性影响，从而为其发展创造更加有利的外部环境。

最后，这是开拓马克思主义中国化新境界的客观需要。推进马克思主义中国化，是中国共产党人义不容辞的使命。在当代，只有紧贴中国特色社会主义的实践沃土，不断丰富其理论特色，努力深化方方面面的规律性认识，才能谱写深入推进马克思主义中国化的崭新篇章，进一步为实现国家富强、民族振兴、人民幸福提供强大思想武器。

第三节 民族特色

中国特色社会主义作为实现中华民族伟大复兴的根本路径，具有鲜明的民族特色。中国共产党人在开创中国特色社会主义的伟大实践中，始终坚持把科学社会主义基本原则同中国基本国情相结合，其中包括同推进民族复兴伟业的现实需要相结合，同中国各族人民对美好生活的期待相结合，同中华民族优秀传统文化相结合。由此成长起来的中国特色社会主义，深深打上了民族的烙印，也赢得了全国各族人民的拥护和支持。

　　中国特色社会主义的民族特色，同样需要在实践中不断地加以丰富。对当代中国共产党人来说，丰富中国特色社会主义的民族特色，就是要更加注重彰显民族风格，使中国特色社会主义愈益契合中华民族优良传统和复兴需求，从而形成更能体现民族精神、民族智慧、民族气派的特有优势。坚持这样做，既大有必要，也大有可为。一方面，实现中华民族的伟大复兴，对丰富中国特色社会主义的民族特色提出了现实要求。今天，面对世界文明多样化发展的大趋势，在中国特色社会主义道路上实现中华民族伟大复兴，不仅有一个建设社会主义现代化的问题，而且有一个增进社会主义民族化的问题。只搞现代化，不抓民族化，中华民族在世界文明发展大格局中就无法形成自己特有的优势，所谓伟大复兴就会成为一句空话。愈是民族的，愈是世界的，只有大力丰富中国特色社会主义的民族特色，使社会主义现代化更多地摄入民族精神、民族风格、民族气派，中华民族才能真正实现跻身于世界先进民族之林的伟大复兴目标。另一方面，博大厚重的中国国情，为丰富中国特色社会主义的民族特色提供了有利条件。我国是拥有13亿人口和东方神韵的伟大国家，中国共产党是拥有8500多万党员和光荣革命传统的伟大政党，中华民族是拥有5000多年悠久历史和丰厚文化遗产的伟大民族，中国所掌握的可用于丰富民族特色的各种有益资源是不可限量的。只要切实地在丰富中国特色社会主义的民族特色上下一番真功夫，努力把蕴藏在国情要素中的相关资源充分发掘好利用好，就一定能使中国特色社会主义形成更多更大的特有优势。

丰富中国特色社会主义的民族特色，关键在于深入搞好科学社会主义基本原则与中国国情的紧密结合。中国特色社会主义的前提是必须坚持社会主义性质和方向，同时也要保持和增进民族特色。那么怎样实现科学社会主义基本原则与当代中国的国情相结合呢？唯物辩证法告诉我们，任何国家的现实国情都是复杂矛盾的统一体，既有积极进步因素，也有消极落后因素。任何时候，丰富中国特色社会主义的民族特色，都要站在全面推进中华民族文明进步的高度，从鼓励和弘扬积极进步因素、改造和清除消极落后因素着眼，把科学社会主义基本原则同国情中积极进步的因素更好地结合起来。只有这样，才能加快中国朝着更加文明进步方向转化的历史进程，才能使丰富中国特色社会主义的民族特色的现实价值得以充分体现。

第四节　时代特色

中国特色社会主义作为当代中国发展进步的伟大旗帜和事业，是与时俱进的，是具有时代特色的。新时期以来，中国共产党以宽广的世界眼光，把开创和推进中国特色社会主义与时代发展脉搏紧密相连：从实行党和国家工作重心的战略转移，到做出改革开放的战略抉择；从制定党在社会主义初级阶段的基本路线，到确立党在这个历史阶段的基本纲领；从实施科教兴国战略，到贯彻依法治国方略；从坚持"两手抓、两手硬"方针，到形成社会主义现代化建设总体布局；从着眼于增强以经济实力为核心标志的综合国力，到走科学发展、和谐发展、和平发展之路……这一切，无不回应着时代主题，紧跟着时代步伐。中国特色社会主义的道路、理论体系和制度，无不呈现着鲜亮的时代特色，并由此洋溢着旺盛的生命力。中国特色社会主义的时代特色，集中体现在它形成了赖以保持生机活力的时代化形态。

时代是发展变化的，中国特色社会主义的时代特色也应随着时代的发展而加以丰富。对当代中国共产党人来说，丰富中国特色社会主义的时代特色,就是要更加注重高扬时代旋律,使中国特色社会主义愈益深切地紧贴时代脉搏、顺应时代潮流、吸纳时代精华,从而形成更加充满时代气息的进取强音。从长远看,把丰富中国特色社会主义的时代特色落实到位,有这样三大益处:一是有益于增进中国特色社会主义的先进性。按照唯物史观,社会制度先进性的一个根本点,在于能够领时代潮流之先。在世界处于大调整、大变革、大发展的时代背景下,越是大力丰富中国特色社会主义的时代特色,使之适应时代发展要求不断获取新鲜血液,就越是有利于其始终处于挺立时代潮头的先进状态。二是有益于增进中国特色社会主义的优越性。中国特色社会主义在解放和发展生产力、坚持实现共同富裕、调动发挥人民群众的积极性和创造性、促进人的全面发展等方面的优越性,既同其制度的根本性质相联系,也同其制度的成熟和完善程度相联系,同制度在一定阶段的时代内涵相联系。由此而论,丰富中国特色社会主义的时代特色,使其制度机制在吸纳时代文明和充实时代内涵中不断获得优化,无疑会对其优越性产生极大的增进作用。三是有益于增进中国特色社会主义的强健性。一种制度和事业的强健性,是与时代赋予的生机活力相联系的。在新的历史条件下,注重丰富中国特色社会主义的时代特色，努力使其在时代大潮中更多更好地接收营养、接受锤炼，就必定能够使之进一步强健起来，就能愈加经得起任何风浪和风险考验。

要进一步丰富中国特色社会主义的时代特色，就要吸收和借鉴当代人类社会一切优秀文明成果。人类社会在一定时代的优秀文明成果，是这个时代全部精华的伟大结晶，它代表着这个时代人类的认知能力和创造水平，也标示着时代发展趋势。从某种意义上讲，丰富中国特色社会主义的时代特色的过程，就是本着"以我为主、为我所用"的原则，充分吸纳借鉴当代人类社会优秀文明成果的过程。在这个问题上，中国共产党表现出了无与伦比的非凡气度，一再主张世界各种文明和社会制度应当"在竞争比较中取长补短，在求同存异中共同发展"。今天，当中国重新回到世界舞台中心的时候，中国人民一方面有理由更加充满道路自信、理论自信和制度自信，另一方面也有理由以前所未有的底气和大气，去广泛吸纳借鉴当代人类社会优秀文明成果。只要坚持从丰富中国特色社会主义的时代特色着眼，努力吸纳借鉴当代人类社会的优秀文明成果，就一定会大大有利于我国的事业与时代发展，不断迈向更加辉煌的未来。

第八章　高举中国特色社会主义伟大旗帜与实现"中国梦"

十五大报告指出:"旗帜问题至关重要。旗帜就是方向,旗帜就是形象。"十八大报告更明确地提出,"在改革开放30多年一以贯之的接力探索中,我们坚定不移高举中国特色社会主义伟大旗帜","中国特色社会主义道路,中国特色社会主义理论体系,中国特色社会主义制度,是党和人民九十多年奋斗、创造、积累的根本成就"。历史已经证明,历史正在证明,历史仍将证明,中国特色社会主义伟大旗帜,是实现现代化和民族复兴"中国梦"最重要的保证。

第一节　"中国梦"的内涵与由来

所谓中国梦,就是要实现中华民族的伟大复兴,包括三个层次:国家富强、民族振兴、人民幸福。

为什么要提中华民族的伟大复兴？因为中华民族有着悠久的历史，曾为人类做出过重大贡献。作为其载体的古代中国曾以世界上头号富强大国"独领风骚"达1500年之久。一是疆域版图特别辽阔。自汉武帝始，中国的疆域就很大，唐朝的时候达1000多万平方公里；元朝的时候约为1500多万平方公里。清朝设立台湾府，使古代中国疆域版图的最后定格为1300多万平方公里，包括台湾和南海诸岛。二是对世界文明的贡献特别巨大。16世纪以前，影响人类生活的重大科技发明约有300项，其中175项是中国人发明的。中国的农耕、纺织、冶金、手工制造技术长期处于世界先进水平。直到18世纪末期，中国的经济规模仍然是世界上最大的。当时全世界50万以上人口的大城市共有10个，中国就占了6个。然而，随着资本主义生产方式的兴起，随着近代工业革命脚步的加快，中国逐渐落伍了。从1840年鸦片战争开始，中国逐步沦为半殖民地半封建社会。各列强侵略战争接踵而至，一系列的不平等条约被迫签订，中华民族灾难深重，人民处于水深火热之中。为了救国救民，无数仁人志士屡败屡战，不懈探索奋斗，需求唤醒中华民族的中国梦。

怎样科学理解实现中华民族伟大复兴？首先，不是要恢复古代中国鼎盛时期的疆域版图，中国人民尊重历史、遵守通行的国际法律法规，不可能去改变各国现有的疆域。党和国家的领导人多次重申，中国永远不称霸，不侵略别国。因此，那种对我国讲实现中华民族伟大复兴就散布"中国威胁论"的言论是没有根据的。其次，要使中华民族跻身于先进民族行列，为人类做出贡献的份额尽量扩大。比如科技水平，当代中国科技的总体水平与当代世界发达国家科技的总体水平相比仍落后许多，因而对人类贡献的份额比起古代中国来小了许多。我国毕竟是目前世界上人口最多的国家，对世界做出更多的贡献是一种责任。"如果不是这样，那我们中华民族就对不起全世界各民族，我们对人类的贡献就不大"，"中国应当对于人类有较大的贡献"。这就是说，我国所讲的实现中华民族的伟大复兴，主要是从对人类文明贡献率的意义上讲的，这是它的要义。

第二节 实现"中国梦"要走中国特色道路

中国特色社会主义，是党和人民90多年奋斗、创造、积累的根本成就，是改革开放30多年实践的根本总结，凝结着实现中华民族伟大复兴的梦想。

近代中国屡遭西方列强的侵略和蹂躏，逐渐成为半殖民地半封建社会。为了救国救民，不同阶级、不同社会阶层、不同政治力量，提出并实践过各式各样的救国方略。但无论是旧式的农民起义还是封建统治阶级的自救，无论是资产阶级的改良还是革命，都不能担负起实现国家富强、人民解放和民族独立的历史使命。直到马克思主义传到中国，诞生了中国共产党，中国的革命才改变了面貌。

中国新民主主义革命的胜利和社会主义基本制度的建立，为开创中国特色社会主义奠定了根本政治前提和制度基础。在以毛泽东为核心的第一代中国共产党人的带领下团结带领全国各族人民经过长期顽强奋斗，终于夺取新民主主义革命的胜利，建立了人民当家做主的新中国，开创了中国历史新纪元。此后，逐步建立起社会主义基本制度，成功实现了中国历史上最深刻最伟大的社会变革，为当代中国一切发展进步奠定了坚实基础。

新中国初期的社会主义建设，为开创中国特色社会主义提供了宝贵经验、理论准备、物质基础。我国社会主义建设是从学习苏联开始的，但党很快认识到苏联模式的不足，开始对适合中国国情的建设社会主义道路进行独立探索。在探索中虽然发生了一些严重失误，甚至发生了"文化大革命"这样全局性的、长时间的严重错误，但党团结带领人民全力推进社会主义建设，建立了比较完整的独立的工业体系和国民经济体系，积累了社会主义建设正反两方面的经验，特别是毛泽东思想中关于社会主义建设的一系列独创性理论成果，对于开创中国特色社会主义具有重大意义。

十一届三中全会以后，以邓小平为核心的党的第二代中央领导集体重新确立解放思想、实事求是的思想路线，深刻总结我国社会主义建设正反两方面经验，借鉴世界社会主义历史经验，提出必须搞清楚什么是社会主义、怎样建设社会主义这个重大理论和实际问题，做出把党和国家工作中心转移到经济建设上来、实行改革开放的历史性决策，成功开创了中国特色社会主义。

十三届四中全会以后，以江泽民为核心的党的第三代中央领导集体带领全党全国各族人民坚持党的基本理论、基本路线，在国内外形势十分复杂、世界社会主义出现严重曲折的严峻考验面前捍卫了中国特色社会主义，依据新的实践确立了党的基本纲领、基本经验，确立了社会主义市场经济体制的改革目标和基本框架，确立了社会主义初级阶段的基本经济制度和分配制度，开创全面改革开放新局面，推进党的建设新的伟大工程，创立"三个代表"重要思想，成功把中国特色社会主义推向21世纪。

新世纪新阶段，党成功在新的历史起点上坚持和发展了中国特色社会主义。党的十六大以后，以胡锦涛为代表的党中央，抓住重要战略机遇期，在全面建设小康社会进程中推进实践创新、理论创新、制度创新，强调坚持以人为本、全面协调可持续发展，提出构建社会主义和谐社会、加快生态文明建设，形成中国特色社会主义事业总体布局，着力保障和改善民生，促进社会公平正义，推动建设和谐世界，推进党的执政能力建设和先进性建设，形成了科学发展观，成功地在新的历史起点上坚持和发展了中国特色社会主义。

党的十八大开辟了中国特色社会主义的新境界。党的十八大以坚持和发展中国特色社会主义为主线，全面回顾中国特色社会主义的发展历史，高度评价中国特色社会主义的历史地位，进一步丰富和发展了中国特色社会主义，成为党团结带领全国各族人民沿着中国特色社会主义道路奋勇前进的又一座伟大里程碑。

历史清楚地表明，是历史和人民选择了马克思主义、选择了中国共产党、选择了中国特色社会主义。它承载着近代以来中国人民奋斗探索的光荣与梦想，有着深厚的理论基础、物质基础、制度基础和广泛的群众基础，是实现"中国梦"的唯一路径，必须倍加珍惜、始终坚持、不断拓展。

第三节　坚定"三个自信"为实现"中国梦"不懈奋斗

选择了正确道路，就要坚定不移走下去，应坚定道路自信，不断完善和拓展中国特色社会主义道路，奋力实现中华民族伟大复兴的"中国梦"。

中国特色社会主义道路的形成，凝聚了几代中国共产党人的集体智慧，总结了人民群众的创造性实践经验。中国特色社会主义道路实现了社会主义和市场经济的有机结合，既超越了传统社会主义的发展模式，又超越了西方资本主义的发展道路，是我国实现社会主义现代化的独特道路，为彰显社会主义制度的优越性开拓了新途径，为人类文明发展开辟了新道路。

中国特色社会主义道路被实践证明是最有利于中国发展的

康庄大道。随着我国经济社会的不断发展,我国的国际地位不断上升,国际影响力不断增强,在国际事务中承担着越来越重要的角色。2012年12月10日,美国国家情报委员会发布了题为《2030年全球趋势:替代的世界》的报告。报告称2030年,亚洲的实力将超越欧洲和美国,而中国将成为世界最大经济体。

正如胡锦涛在十八大报告中所讲:"只要我们胸怀理想、坚定信念,不动摇、不懈怠、不折腾,顽强奋斗、艰苦奋斗、不懈奋斗,就一定能在中国共产党成立一百年时全面建成小康社会,就一定能在新中国成立一百年时建成富强民主文明和谐的社会主义现代化国家。"